U0479406

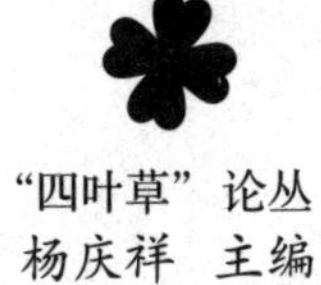

"四叶草"论丛
杨庆祥 主编

把最好的部分给这个世界

——"70后"文学对话录

杪 椤◎著

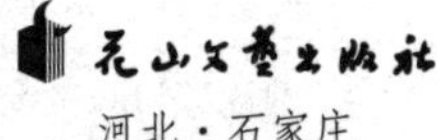

河北·石家庄

图书在版编目（CIP）数据

把最好的部分给这个世界 ：“70 后”文学对话录 / 杪椤著. -- 石家庄 ：花山文艺出版社，2024.7
（“四叶草”论丛 / 杨庆祥主编）
ISBN 978-7-5511-6452-8

Ⅰ. ①把… Ⅱ. ①杪… Ⅲ. ①作家－访问记－中国－现代 Ⅳ. ①K825.6

中国国家版本馆 CIP 数据核字（2023）第 017808 号

丛 书 名：“四叶草”论丛
主　　编：杨庆祥
书　　名：把最好的部分给这个世界——“70后”文学对话录
Ba Zuihao De Bufen Gei Zhege Shijie —— “70 Hou” Wenxue Duihua Lu
著　　者：杪 椤

选题策划：郝建国
出版统筹：王玉晓
责任编辑：贺 进
责任校对：李 伟
装帧设计：王爱芹
出版发行：花山文艺出版社（邮政编码：050061）
（河北省石家庄市友谊北大街330号）
销售热线：0311-88643299 / 96 / 17
印　　刷：河北新华第一印刷有限责任公司
经　　销：新华书店
开　　本：880mm×1230mm 1 / 32
印　　张：7.875
字　　数：170千字
版　　次：2024年7月第1版
2024年7月第1次印刷
书　　号：ISBN 978-7-5511-6452-8
定　　价：59.00元

（版权所有 翻印必究·印装有误 负责调换）

总序：为文学批评寻找一种形式

◎ 杨庆祥

在当代文学现场，文学评论是一个看起来并不自然的角色。一方面无论是作家还是评论家，都反复强调文学批评的重要性，这种强调有时候甚至让人觉得有点儿饶舌。另外一方面的事实是，文学评论似乎可有可无，尤其在普通读者那里，他们甚至搞不清楚作家和评论家这两个职业标签的区分度。不仅仅是在文学现场如此，在高校的知识建制中，文学评论也处境微妙。在学科归属上，它被划入文艺学下面的一个方向，与文学理论并列，但实际上在具体的实践中，文艺学的从业者基本上不从事文学批评工作，中国现当代文学专业的从业者是从事文学批评的主力军，但往往又习惯于将“文学史”视作工作的合法性基础，文学批评则被视作“小道”偶尔为之。所以我们看到的现象是，文学批评往往成了初入行业者的一块“敲门砖”，一旦入门，则立即弃之如敝屣，以“文学为志业”者甚众，以“文学批评为志业”者则甚少矣！

与很多人的看法不同，在我看来，在文学理论、文学史和文学批评的三分中——这一三分当然也是现代知识分层的产物——文学批评不仅仅是最基础的，同时也最为考验人的心智、才华与写作能力。文学理论往往自有框架，按图索骥也能说出一二三；文学史则相对固定，寻章摘句即可敷衍为文。文学批评则要求一种如艾略特所谓的“当随时代而变”的时代性。简而言之，如果将文学理解为一种精神产品的实践，那么，文学批评全链条地参与到整个实践过程中，文学的发生、流通、经典化以及不断地去经典化和再经典化，文学批评都发挥着核心发动机的作用。这也是为什么在很多历史文化转折的时刻，如西方的文艺复兴、启蒙运动时期，中国的“五四”、1980年代，文学批评总是时代的弄潮儿和文化的急先锋。

那些灿烂辉煌的历史时刻固然让人艳羡和怀念，但对于今天的文学批评从业者来说，怎么面对当下的变化，让文学批评能够在整个文化的结构中发挥其应有的而不是夸大的、现实的而不是虚妄的、富有建设性的而不是罔顾事实的功能性的作用，这是我们需要思考和探索的命题。在这一思考的路径中，文学批评的语言、文体、方法、主题以及它与时代语境之间的张力，都重新成为问题，正视这些问题而不是用一种惯性来绕开这些问题，文学批评才有可能获得自我和力量。

花山文艺出版社推出的“四叶草”论丛正是在这一问题意识下的集结。这套丛书共收入四册，分别是郭宝亮的《沧桑的交响》，王文静、王力平的《文学是一次对话》，杪椤的《把最好的部分给这个世界》，王力平的《水浒例话》。《沧桑的交响》立足作家创作，在现实与历史的回响中为读者呈现当代小说的丰富面相及其与社会精神生活的嵌合关系；《文学是一次对话》结合文学理论，将当前热闹的文学现场出现的一些潮流、概念做了系统性梳理；《把最好的部分给这个世界》聚焦文学现场，结合张楚、薛舒、鲁敏等人的作品展开对话，从整体上为“70后”写作做出简笔素描；《水浒例话》以《水浒传》为例，在闲话随笔间分析其人物、语言、结构等要素技巧，为文学写作与鉴赏提供文学理论与评论知识。几位作者都是活跃于当下文学现场的重要批评家，他们试图以一种“对话”的形式呈现文学驳杂丰富的图景，“对话”既是不同个体、文本之间的对话，也是文学批评、文学理论和文学史之间的对话，当然，文学作为一种心灵的形式决定了这些“对话”也必然是罗兰·巴特意义上的“恋人絮语”。期待这些作品能够得到应有的关注和反馈，也期待这套论丛能够持之以恒。

是为序，以为鼓与呼！

2024年3月26日于北京

序　一

◎ 朱小如

与文友杪椤相识十几年了，初见面感觉他就像年画里略带些羞怯、可爱极了的善财童子，也是我以为那种可以坦诚交心且可以长期交往的朋友。

我 2013 年退休之前与他在文坛的各种场合相见，尤其是那次新疆之行，除了晚上各自睡觉，开会讨论，吃饭喝酒，外出旅游，几乎形影不离。或许因为虚长他一些年岁，他总是在旅途中给我一份特别照顾。怕我腿脚不利索，在有些危险的山地就会搀扶我一下；怕我错过一些紧要的上下车和开会时间节点，他会事前到我房间来等我，或者就直接在车旁等着我，我上车后他才上车。当年的我，其实年岁还远没到需要年轻人特别照顾的地步，更不算同行中什么德高望重之辈。于是只能“宠辱不惊”地暗暗把他的特别照顾，铭刻在自己内心深处。退休后，我自然地出席文坛的活动少了，与杪椤见面的机会也相应少了，但电话或微信反而多了起来。除了互相探讨一些文学作品的阅读体会，以及诉说一些各自面临的文学现场问题和现象之外，他也总是相当关心我的身体健康状态和有什么日常生活所需。上海疫情封控期间，他打来电话问寒问暖，知我这老烟民快“断粮”，立刻从石家庄的邮政快递寄了两条“荷花”烟来。但是就这一快递，平常两三天就收得到，但我却一直要等到两个多月后的疫情封控结束了才拿到。抽着这样的烟，有些莫名的心酸，自然更是感觉温暖。杪椤不仅是我的文友，文友一般用不着讲究什么长幼之序，更是我的朋友，且是那种十分谦虚，遵守长幼之礼的好友。

这样谦虚懂礼貌的好人，以我数十年在文坛的江湖游历中当属稀缺少见者。

杪椤的为人特点，似乎也深深浸染在他的文学写作和学术研究的文风中。曾经有一段时间，我在《芳草》文学杂志上主持对话栏目，对杪椤投来的与作家对话文章也算是熟读在心。初以为是由于杪椤与他对话的作家处在同一年龄上，所以才收敛起批评的锋芒，变得格外朴素和谦虚。读他的文章多了才真正体会出不是他假谦虚，而是他故意放低那种文学批评家习惯了依据时髦的宏大理论高地，凌驾于作家作品之上的自说自话态势；而是他采取了与作家面对面的开展平等的彼此对话，深入探究文学每一部具体作品的个别性和更多可能性的问题。这样的对话批评，难度是必然增大了许多。首先是必须对作家的每一部作品作深入细致研读，认真比较作家创作前后的各种变化，全面了解作家的创作路径。除了这种直向地对作家作品的研究之外，还必须对作家作品的发表年代、文坛热点反应以及评论家当时的定评、作家自己的创作谈等进行横向的一系列的相关研究。如果没有这样的大量文学阅读，以及由此带出深厚宽阔的文学理论视野；如果不是勤勉之人，且缺少一贯的朴素和谦虚并持之以恒的精神，仅凭才气，显然无法做到。

对话批评，就我个人的理解，不同于一般性的记者访谈。对话批评，这里面最大的难度就在于要时刻警惕和避免批评家的“自说自话”，而是要能够处心积虑地、想方设法地引导对方进入有趣、有意思的文学创作话题。彼此对话的难度还在于能够让“彼”充分地言说，高度则在于能够将“此”言说的“锋芒”隐藏在看似朴素和谦虚的三言两语中。

纵观杪椤这本“对话”集，“彼此对话”的“彼”作家们个个文学理论水平都很高，且个个都著作丰盛多产。比如，鲁敏长篇小说《奔月》出版，已经是她第二十本书，仅长篇小说就八部。杪椤不仅仅是要把这些作品全部通读一遍，还必须细读一遍鲁敏不算少数的创作谈，以及文坛上与鲁敏作品相关的众多批评文章。杪椤必须能理清楚鲁敏作品前后的代表性特点和整个创作路径变化，不然对话就不能充分开展，也很难对话出什么新意来，杪椤在这些方面都做得很好。杪椤能够首先抓住《奔月》的完全不同于文坛“霸权主流”的写实主义特点，一下子就引出了鲁敏对自己当下为何创作这部反悖文坛“霸权主流”的写实主义小说的充分言说，以及她对当下文学作品意义性的认真而严肃的再思考。从这样的角度出发的相互对话，其话题就不仅仅局限在作家的个人性而上升到了对当下文坛的整个创作思潮的考量。因为从文学理论上来说，文学的个人性虽然具有伦理的天然合法性，然而，文学的个人性表达却未能超越公共观点，其文学的正当性就容易会遭到一些质疑。其次，杪椤才自然而然回溯到了鲁敏写作初期的一些作品和生活经历关系的文学个人性探讨，巧妙地避开了一般女性作家特别忌讳和特别讨厌的所谓个人“隐私”探究嫌疑。

又如，杪椤在与张楚的对话中，前面两人谈了大半天的张楚小说的“小城镇”、“小人物”以及“忌惮而不是消解故事”特点。接着突然冒出这样一段：“杪椤：当然人物一定是小说里站着的那个东西，而不是别的。但是这有个问题，你的小说总是体现出复杂的人物关系，尤其是在开头，关系的复杂性会导致阅读进入时一头雾水，比如《忆秦娥》，里面的讲故事者、叙述者、被叙述的人物之间以及他们横向的伦理关系，我琢磨了好久才明白。你可以强调滞涩能够加深对主题的表现，但是好像太绕了也未必有利吧？张楚：你这个建议特别好，以后我会留意改正这一点。”

仔细品味这番对话，不难看出其中杪椤的既肯定又否定的批评“锋芒”，相当深厚地隐藏在了“此”一贯的朴素和谦虚的学术姿态中。而正是这一深厚地隐藏着的批评“锋芒”，才让我们深深领会到批评家和作家对话的“彼此”之间的真正平等，真正的“旗鼓相当”。因为“旗鼓相当”的对话才能格外精彩纷呈。

文学是人学，所以一个人如何为人和他如何做学问有紧密的关联。以我十几年的观察，文友桫椤始终带着朴素而谦虚的文学写作和学术研究平常心，如今他转而投入对热点频发、越走越红的网络文学的研究之中，自然也是顺理成章。此前他让我给他一本网络文学著作写篇评论文章，我因为对网络文学几乎一无所知，所以没写。这次他要出“对话”集，我当然不敢拒绝，也理应奉命提笔，不多说别的，就想说说自己打心底里感觉到的桫椤的好。

2022 年 10 月于上海

序　二

◎ 王力平

杪椤，原名于忠辉，河北唐县人。唐县地处太行山东麓北段，自然地貌多山地丘陵，有“七山一水二分田”之称，2019年之前，属国家级贫困县。然历史悠久，人文底蕴深厚。域内有上古唐尧圣迹，有北放水先商文化遗存，有开凿于北宋时期的卧佛寺摩崖造像，有倒马关明长城遗址。抗战烽火中，唐县是敌后根据地。1939 年 5 月至 1941 年 8 月间，晋察冀军区司令部在此，抗敌剧社、冲锋剧社、西战团、华北联大在此，邓拓、田间、邵子南、胡可工作、学习、创作在此，白求恩大夫生活、战斗、殉职亦在此。生于斯也，知稼穑艰难，山雨谷风，冷暖在心底；长于斯也，念先哲不远，流风遗韵，润物贵无声。及长，就读河北保定师范学校。青衫年少，世界很大，正好去看看。

我与杪椤初识于保定文友会，再见于河北省小说艺委会满城年会，三见于全国青年批评家高峰论坛崇礼峰会。之后见面多了，也就记不得了。杪椤走进文学的“窄门”，并不是名校严师系统训练的结果。其缘由，不外乎爱好和坚持。走出师范校门后，为了文学爱好，他在“成人教育”读完中文系大专课程，又在“自学考试”读完中文系大本课程，是柳三变所谓“衣带渐宽终不悔”。他是旧书市场的常客，也是“淘书”的行家。笃好文学而博览“杂书”，文史哲不分家自不待言，说地方风物如数家珍，谈文物考古兴味盎然，他愿意“啃”结构主义叙事学论著，也喜欢“刷”网络“爽文”，是杜工部所谓“转益多师是汝师”。

其实，“好读书”不难，难在“读书不作儒生酸”。杪椤懂得投入地去读社会这本大书，这本无字书，懂得陆放翁所谓“工夫在诗外”的道理。所以，他的批评文字朴素、鲜活，是洞察人心世情的真见识，没有寻章摘句的冬烘气。他的文学评论不是“掘一口深井”，不是某个细分专业的精研深究。从诗歌赏鉴到小说评论，从影视戏剧批评到网络文学研究，他有话就说，说完就放下。比起科班训练出的“学术范儿”，自是多了些随性、洒脱的意思。这种风格（其实我想说这副模样），宽容地看是他的特点，严格说来是他的弱点。当然，生而为人，谁还没点儿弱点呢？

只是，得知杪椤要作“70后”作家的系列对话，内心里不免亦喜亦忧。喜在杪椤给自己觅得了一个好课题，与“70后”

作家深入交流，是一个与同龄人一起成长的难得机会。忧在十余位青年作家，每个人都是一座富矿，都是一口深井。都需要下一番精研深究的功夫，才可能和他们面对面坐下来对话。这会不会是哪把壶不开提起了哪把壶呢？

作为一种文体的“对话”，与日常生活中的对话有相同处，也有不同点。相同的是，都要完成语境营造和信息交流的任务。不同的是，在“对话”文本中，对话的一方要担纲采访和提问的角色，负有引导对方系统输出信息，充分表达观点的责任。而日常生活中的对话，参与对话的双方都不必承担这种责任。

所以，在我看来，好的“对话”要完成三个任务，实现一点儿私心。三个任务是，其一，研究访谈对象并合理设计问题。要问在该问的地方，有效地引导对方系统输出，不使有重要遗漏。这需要做好功课。不仅要全面了解访谈对象，还要懂得“对话”的读者想要什么。其二，突出访谈重点，不致被一般信息所淹没。要围绕重点从不同角度切入，使访谈对象能充分输出。这需要对访谈对象有准确定位，知其“亮点”所在，知其“痛点”所在。其三，在深度交流中形成思想碰撞。此刻回归到“对话”的本义，与“读者”想要什么无关，与访谈对象的“亮点”“痛点”无关。伴随思维的双向激活，在对话中激发新的思考、新的发现，或者引起访谈对象自我反思的可能。这需要从新的视角提出问题，或者让提问本身带有质疑的力量。

一而二、二而三，是高度和难度渐次提升的不同境界。从这个意义上说，做到其一，只算是“净发”；做到其三，才称得“和尚”。但是，这三个境界不是孤立的、不是对立的，而是相互渗透、紧密联系，甚至互为因果的。就像备受尊重的“和尚”，其实也不能废掉“净发”一样。

本书收入杪椤对十四位“70后”作家的访谈，是否能完成前述三个任务，或者说，哪里显示出杪椤问题设计的合理性？哪里表明杪椤触到了访谈对象的“亮点”或“痛点”？哪里是思维双向激活擦出的火花？又或者只是“净发”而已？这需要读者自己去作判断。这样说，不免有偷懒之嫌。序之为序，不是应该引导读者阅读吗？但其实并不尽然。

我们常说今天是信息时代，是众声喧哗的时代。其实，众声喧哗是表象，背后的事实是，众人拿回了曾经让渡出去的发声的权利和机会。每个人都有自己想要的，每个人都有自己的视角，每个人都有自己的判断。所以，“对话”是重要的，而“判断”和“结论”，即使它有“引导”的功用，也不妨以“其次”观之。又所以，我更愿意谈论自己会如何去阅读和评判杪椤与十四位作家的对话，因为在某种程度上，它更能呈现我与这部书稿的“对话”过程，至于“判断”和“结论”，原本并不重要。

巴赫金在陀思妥耶夫斯基创作研究中提出了“对话”理论，并与“复调”理论相互论证。他说：“社会现实的多元性和矛盾性，在这里是以一个时代的客观事实呈现出来的。这个时代本身，使复调小说的出现成为可能。”他进而又说，“复调小说整个渗透着对话性”，甚至说“一切都是手段，对话才是目的”。虽然我一直觉得，巴赫金对陀思妥耶夫斯基小说的“复调”特征和“对话性”的判断，都有绝对化的味道，是为了打鬼，借助钟馗。但还是要承认，社会现实的多元性和矛盾性，决定了对话的重要性。比如文学与现实的对话、理论与创作的对话、批评家与作家的对话，当然也包括杪椤与十四位“70后”作家的对话。它们共同构成了文学现场的“复调”特征。

似乎丢掉了一点。在“完成三个任务”之外，还有个“实现一点儿私心”。其实这个“私心”，就是要把访谈对象当作一块“磨刀石”，在对话中砥砺自己。关于这一点，我倒不妨说出自己的“判断”：经此一番磨洗，杪椤批评的刀锋更犀利了。

是为序。

2022年10月于石家庄

目　录

对话鲁敏：谁都是风里雨里不一样的树叶

鲁敏，1998年开始小说写作。已出版《金色河流》《奔月》《六人晚餐》《九种忧伤》《荷尔蒙夜谈》《墙上的父亲》《取景器》《惹尘埃》《伴宴》《纸醉》《百恼汇》等二十部。曾获鲁迅文学奖、庄重文文学奖、人民文学奖、郁达夫奖、《中国作家》奖、中国小说双年奖、《小说选刊》读者最喜爱小说奖、《小说月报》百花奖原创奖、“2007年度青年作家奖”，入选“《人民文学》未来大家TOP20”等。作品先后入选中国小说学会2005年、2007年、2008年、2010年、2012年、2017年度排行榜；有作品译为德、法、日、俄、英、西班牙、意大利、阿拉伯文等。

杪椤：作家与媒体的关系现在变得更加密切，一个很明显的例子是媒体都在跟作家做对话、做访谈。这加剧了我的紧张心理，您在青年一代作家中属于“明星”级，不断有媒体采访，各种问题几乎被问遍了，所以我向您的请教一定也难有新意。好在《芳草》这个栏目有为作家“立传”的意思，“忆童年”“谈体会”之类的俗套也必不可少。这是一方面。另一方面，除了对话，我读了您很多随笔、创作谈之类的文章，您在这些文章中几乎把个人生活和创作情况谈尽了，好像都不容易再找出对谈的“点”来了，当然也因为我个人水平有限。所以这些都请您原谅。常言说作品是作家最好的注解，在作品之外，您为何又如此坦诚？

鲁敏：说得多挺不好的，其实我最欣赏沉默的作家，沉默的艺术家，沉默的人，沉默的万物。我本人则真的是话太多了。可能你讲的也是一个原因，配合着各种对话或采访的时候，不觉中就讲了很多。还包括创作谈，新作品宣传，总在阐释。前不久在《文汇报·笔会》发一个有点儿长的《写作：孤清地写+喧嚣地作》，就是带有自嘲与自警的意思，写给我本人，也写给跟我差不多嘈聒的同行。不过在反思当中，我也有些骑墙主义，或者说顺势而为的看法。这是越来越孤独的时代，迷雾中人们总在彼此寻找，如果都不说话，我们怎么发现对方啊。我和我们就来做那个话多的人吧。至于坦诚，谢谢，坦诚其实是最简单的交流入口，坦诚其实首先就能抚慰到自己。

杪椤：文坛曾经热议您的长篇小说《奔月》。有资料介绍说《奔月》是您的第二十本书，您怎样定位《奔月》在这二十部著作中的位置？或者换一种说法，《奔月》在您的个人创作生涯中居于怎样的位置？

鲁敏：首先要解释一下，这二十本书里，有一些是中短作品集，这些作品集中，可能有 20% 是兼选和重选的。如果光数长篇的话，《奔月》其实是我的第八部长篇。听听这个数字，就知道我是个比较笨的作家，不是那种甫一出手就才华四射、一战功成天下知的天才。像我早些年的两三部长篇，现在根本就少有人知道。但我从不悔少作，它们就是我在那个阶段的呈现，同时也是必需的一个实践，没有前面那一百万字，就绝不会有后面这一百万字，我是必须得一步一步像走台阶似的慢慢走、走三步有可能还退两步的那种写作者。没办法。

所以我就从长篇角度来谈《奔月》。最早期的我的三部长篇——《戒指》《爱战无赢》《博情书》，是家庭与女性题材，以情爱离合为主要诉求，只能算写得顺溜，除了有体量上的大致、有一些起承转合的章法意识，对长篇这个文体的认识是比较初级的。后来是《百恼汇》与《机关》，前者虽然还是家庭式的场域，可能多少有了点儿进步，曾获得当年的上海书展十大图书，后者算是机关小说，据说卖得还可以。但是很明显，我对长篇的格局还缺乏理想，好像有了什么就写什么，写了什么就是什么。还处于邯郸学步、深一脚浅一脚、五十步一百步的程度。但这些都是非常好的训练过程。起码算是从中短篇选手的台阶上蹦到了长篇选手的台阶上。

真正有了自觉与追求的，得算得上 2010 年左右的《此情无法投递》，原发刊物时小说名叫《家书》，写 20 世纪 80 年代严打的，有了“核心事件”的甄选与确立意识，全书以死者写给几个生者的书信为穿引，以年代为章回章目，也算是有了结构与技术意识。小说在博集天卷出的时候，改成了现名《此情无法投递》。这个长篇我至今还是很有感情，今年也会再版。再版前回看了一下，整体气氛是越搁越旧的，但不算太丢人。再到 2012 年的《六人晚餐》，当是又有了进步。但其实细究一下，这部写的还是家庭，甚至可以说也写的是情感，这跟第一本的《戒指》或上一本的《此情无法投递》，可以说还是一条脉上的，但为什么《六人晚餐》，不管是外界还是在我本人看来，是有了大概是一步跨了两三级台阶的那个进步，我觉得这不是背景空间（厂郊结合部与产业改革）或技术上的（六角度叙事），而是对生活和世界的看法。《六人晚餐》的核心是对这个被“成功学”所统治下的世界与人心的追问，写的是势利世界下的这一群“失败者”们。是这一点，而不是别的，使它得以成为一部还过得去的小说，后来也入了当年的中国小说学会长篇年榜。具体不展开了。

我们说一下《奔月》。从前面这样一步步看下来，很清晰就能看到，《奔月》的变化是蛮大的。起码有两个。一是从故事层面来看，不再是家庭或情感的这种带有温情色调的脉络线。而是非常个人主义的、冷酷无情，几乎违背常伦的一个故事；二是整体风格定位于现代主义，而非现实主义了。或者说，表面上看，大量现实主义的细节与情节，但内心的阅读契约是假想的一个框架，是以“假定”为前提的，主观性、精神性的成分很大。当然，夸张和戏谑的语调，我在《六人晚餐》

时就有过尝试，这一点，是有延续的。但无论如何，《奔月》的这一步，迈得有点儿大，也很危险。所以我从一开始写，就抱定了可能会写砸的心理准备。但因为实在是这个小说，想得太久，不写已经不行了，砸就砸了吧。包括初稿出来后，发给几位师友看，好像一时之间，大家也不大能接受我这种“假想前提”的写法。

话扯得有点儿远了，也可能因为这是刚刚降临人间的新书吧，我还处在呵护期，所以心理上很看重，很珍爱，觉得它目下是最好的。但最准确的关于《奔月》在我长篇里的位置，还要等沉淀一段时间后再看，那时比较客观吧。虽然，我常常觉得，哪有什么客观，都是披着主观的外衣啊。

杪椤：《奔月》有一个很理想范儿但也很传统的主题，就是逃离现实与追寻自由，“月”可谓一种至高的人生理想。主人公小六这个形象由实到虚，看起来就像一个寓言系统里的角色。您要在其中完成现实生活与人类命运之间怎样的隐喻呢？

鲁敏：其实生活中有许多行为，本身就是对逃离的局部精微演习：比如在剧场看戏——出来后又如同重回人间。网络隐身、旅行、修行、跳槽、离婚、搬家、换城市、移民等。最为“80后”“90后”熟知的哈利·波特与他的九又四分之三站台，我觉得也是魔幻面目的逃离。包括为什么我们喜欢看穿越故事、身份替换的电影、时间扭曲的电影等。只不过，上述的这些，大都是表现为积极的方向。

因此你看，人性总是既有着对稳定性的追求，同时也有着对固化的厌倦。这是本我、自我、超我一直在斗争的主题。我相信可能每一个生而为人的人，都会在生命中的某些阶段，有过对自我存在、自我人设、自我处境的反复追问，哪怕这种追问是无奈也是疲劳的。大部分人都在日夜不停地经营自己，然后又对这种经营感到厌倦和被禁锢感。这就产生了逃离这个母题，这是生活中的母题，也是文学的母题。

因此，我虚构了这个小六。她可不仅是停在追问和空想阶段，她是把本我完全释放了、放大了、付诸实践了。

表面上看，是一场精心策划、有违伦常的逃离。但这可不是胆怯的逃兵，是具有难度、极需勇气的行为。我是对小六怀着好奇、敬意以及恨不能助之一臂的那种心理在写她的。虽然最后，我并没有能帮到她。她的这一趟出走，悲喜交加，可以说充满偶然与必然的反讽与陷阱般的轮回困境，最终，一应的身份与道德、社会关系、社会性等再次藤萝缠身。

所以，我的重点，更想探讨的是逃离之后——她身边的原有世界。她去往的另一个世界。以及，后来的后来——她真的实现了她所追寻的“自我”与“新生活”吗？

因此，我这个“逃离”不是《玩偶之家》里的娜拉出走（女权主义与家庭压迫）、《月亮与六便士》（世俗日常与艺术家生涯）、《兔子跑了》三部曲（中产中年厌倦与自由主义生活）、《家春秋》（革命激情与全新思想归属）的出走，不是嫦娥奔月传说中的升仙得道之奔，等等。上述这些“逃离”，有一个“二元对立”式的对比，非此即彼，截然对立，不可替代。我这都不是。我这就是一个基于人性本身的困境与追索的一次出走，无解的无参照的冒险的一次出走，是想看看人能不能摆脱自身的重力，离开这乏味无聊的所在，奔往另一个场域，月亮或另外任何一个星球——当然，这里指的重力，除了物理意义上的，更是化学或社会学意义上，是人性中的、心理上的、欲望上的、占有上的。是好奇、追求、占有、多多益善、拼命向上等一切人性中的重力部分。

杪椤：在现实主义的背景下，《奔月》肯定给人“异类”的感觉，尤其是小说里那种创设世界的方式，能给人开“脑洞”的感觉。您好像在一个什么场合说过，这个小说加入了“悬疑”的元素。这如果对应到中国小说写实的传统里，是一种不小的变化。对于小说这种虚构的艺术而言，过去因为很多原因，我们似乎太尊重客观规律了。这几年中国当代小说里的世界观有一种向生活之上、向虚空之处攀爬的趋势，您的《奔月》是一例，其他像李宏伟的《国王与抒情诗》等。您怎样看待这个问题？

鲁敏：现实主义、扎实的写实传统、世俗伦理、常识逻辑等，在近些年的当代文学，可谓有点儿“霸权”式的压倒性主流，早先还有先锋，还有浪漫主义，现在好像一个赛一个的写实。我性格里本就有一些逆反因子，这会体现在写作观里。最主要的是力量的问题，现实主义很有力量，是结结实实的力量，但我们也知道，还有一种力量，是飘浮的、仿佛无形的力量，我们在生活中都有这样的，对“不具之象”都有切己感受，这甚至是所有人在精神深处最大的一种共鸣……我觉得这种力量，更独特、更迷人，更符合我心目中文学性的抽离感。其实有多少经典都写过“异质”啊、开过“脑洞”啊。博尔赫斯绝对一辈子都在玩这个。包括像《失眠症漫记》《变貌记》，像《谁带回了杜伦迪娜》，像《使女的故事》等。这本来是多种风格中的一个，只不过，在当下这个强有力的现实主义的背景下，才显得这样的有点儿不平常，加上说，这样来写长篇，确实需要一点儿勇气。所以我也很佩服李宏伟。包括离开了的胡迁，他的现代性非常自然。

《奔月》出来后，有过两场研讨会，一场是在大学，一场是在作协系统。我发现不管是否学院派，批评家对我们的这些尝试是很敏感的也是很激赏的。很多事情上，是要求同存异。文学与艺术从来不是这样。

杪椤：《奔月》之前的作品是《荷尔蒙夜谈》吧！中篇集。我读这个集子的时候，全新的感受，基本上没人这么大胆过。我清楚地记得您在随笔文章中谈最初开始写小说的时候，用了一句话叫作“小说，它如闪电来袭、惊雷响起”，《荷尔蒙夜谈》里的这些作品，胆识和灵感来自哪里？

鲁敏：我本来自己觉得还好。但投稿中，还是有些状况，有的杂志说要删改，这不能发。有的杂志像《收获》是发了，但内部分歧也挺大的，发出来后，很快就有对我的批评，觉得我的趣味出现了问题。

实际上，我这里荷尔蒙，还真不是仅仅指向性的，其实写的是潮水疲惫的中年沙滩，是烟熏火燎的汁味收干，是工具化、病态化之后的残酷与暗黑，这样才有了转化，转化为性上的乃至失德与失常，他们自欺、欺人，他们自取坠亡，他们割人脖子，他们像跑接力棒似的传递这滚烫烙铁般的俗欲……

这样的故事读起来会有点儿离奇或传奇。有读者留言：咦，不会吧，干吗要这样啊，不符合逻辑！以为我虚构得离了谱。其实这一次，我真的持有“在场证明”，算是生活的目击者。《三人二足》《坠落美学》《拥抱》《荷尔蒙夜谈》《徐记鸭往事》《枕边辞》，一下数出六篇，都有点儿影影绰绰的来源。这当然是比较原始的，并不值得夸耀的取材之法。我这么保守、谨慎，也可理解为是出于对荷尔蒙的尊敬，这些从风中所传来的人物与他们的人生截面，那些闪烁的言语，总是令我激动而感触，难以置信中，不愿意再做过多的整饬或文饰。哪里来的这么锐利的力量啊！他们冲破如此多的教养与规矩，抛却多少年的忍耐修为，一反深明大义或精明势利，冷然地出格了，剥除自己，还原自己，伸张自己，祭献自己。这确实太触动人了，使我按捺不住要写下这些个出格之举，并且决不给他们打圆场、顺逻辑、整衣冠，最好同样是以“出格”的方式来写。用一顶大帽子的话来说，这就是我作为写作者，对世相体察的一种义务，一种职业意义上的权利。

有趣的是，读者感到不可理喻的那部分，正是“在某人身上真实发生过的”，而我所无限虚构的，他们却读得点头称是、如临其境。生活中的真，与小说里面的真，显然是两个不同的维度，就像我们看真人与油画肖像，看隔壁邻居与电影里的邻居，对比例、色彩或戏剧化的期待，是殊为不同的。倚真摹像，反类假虎。凭空写鬼，观者悚动。这是古已有之的道理，自不新鲜。

但这次的实践，还是非常切实地给了我不少体会，更令我产生一种农人般的期待，下一茬儿庄稼，我撒什么种子呢，原始的粮站种子，杂交的，转基因的，或者干脆是煮熟的压根不指着它发芽的？

杪椤：《奔月》里有个如何回到自身的问题，旁人寻找真相，而自我寻找自我，这种错位形成漂亮的故事。细想想，尘世里的理想主义者，或许都在反躬自身的问题上与现实对峙。《荷尔蒙夜谈》里的中篇很多落在“荷尔蒙”上，落实在自我而且是肉体或者本能上。在传统观念里，谈论身体是一件羞涩或者隐讳的事情，所以身体叙事多数时候是被排斥的。所以我觉得这也是我们倡导的现实主义的局限性之一，一方面强调要写现实，但又不肯写自我最现实的部分。在这一点上，我觉得《白围脖》《荷尔蒙夜谈》《三人二足》这些作品的可贵之处就在于戳破掩耳盗铃的真相。

鲁敏：嗯，谢谢肯定。每个写作者都在艰难地寻找最适合自己、最能呈现自己的路径。

杪椤：在小说里不因为一些大而无当的观念隐讳什么，这可能也是您的“坦诚”所在。包括敢于在随笔文章中坦露自己对亲人的歉疚，像对父亲的感情。我认为一个作家的成长，有一个系统的“文化生成”的因素，一定和他个人的成长和生活有关系，不可能一个人突然就能写小说了，“闪电”或“惊雷”只是一个引子罢了吧！您觉得您后来走上文学之路，跟您的成长经历有怎样的关系？

鲁敏：我觉得没什么特别的。如果坐下来好好谈谈，大概每个人都有一个既特别也不特别的来路。谁都是风里雨里、不一样的树叶。但树叶只要脱离母体，就是飘零者和独立者。我觉得成长经历、童年记忆、记忆创伤这件事，做做文章做做心理分析，都是蛮好玩的。但对写作来说，还是后来的自我补充自我构建更重要一些。多少命运曲折的人，他们并没有成为艺术家。反之亦然。我一万次地希望，我曾有过宁静的生活，在宁静里孕育风暴。所有那些失去的，什么都弥补不了。

杪椤：您有短暂的乡村生活经验，我记得您写过您 11 岁就离开乡村，进城上学时到“别人家里”去生活。短暂的乡村记忆如何就发酵成了您作品里的“东坝”那样一个“故乡”式的所在？

鲁敏：因为那是我失去的一切。童年与童贞，老家的屋子，亲戚，邻居家的孩子，院子里的树，我的小学老师，田野里的雾气，等等。这辈子我都不可能再拥有了。这种由于强烈的失去感、不可回溯感，造成了一种放大和膨胀了的回忆，我这个回忆里的虚构，这种虚构力可能就比较充沛一些。这像是天花发作，或与少年期永别的本能。

杪椤：“暗疾”好像是您创作中的一个分水岭，之前写“东坝”，后来的小说基本上都是城市生活。这种转变是怎样发生的？

鲁敏：可能是在2010年左右，此前那一段时间特别顺，东坝写得顺，各种选刊选本都关注，最高纪录是《小说选刊》在十六个月内先后选了我六篇小说，其中有三篇都是头题，并配点评或自述。然后很快又得了一些全国奖，当然我挺高兴的。但内心里我却有一种警惕感，感到这些肯定里，会不会有一些原因是东坝这种传统古典审美比较容易唤起“审美共鸣”，我不是反对共鸣，是觉得这总有点儿可疑，有点儿占了现成的古典主义的便宜。

还有一个原因，也是最主要的原因，是我在南京已经生活多年，这个城市从里到外，在不停重构和击打着我，我远远不再是一个东坝的孩子了。我是一个南京街头的路人甲。作为路人甲，我有东西要写，我有话要说。

大概差不多是这样子，写起来了“暗疾”系列。这是我进入城市的通道，是心理和精神生活部分，而非物质或社会学意义的那部分。

杪椤：媒体上说您“厌倦了‘四平八稳’的审美”，您常常在创作中主动尝试变化吗？

鲁敏：变化是一直都有，有位评论家老师开玩笑说我是“掰苞谷”式的写作，总在扔总在找最大的。其实每一阶段的调整都是我脑子里面对这个世界，对所处的空间也好，或者我所处的人生的困境，在写作中的一个折射，是根据这种折射所做的方向或风格上的尝试。看起来是主动的，其实也是不能自我决定的。我也并不认为总变、总变就是好事。其实我是被动下的主动。

杪椤：您觉得您的变化与文学在时代的变化有没有关系？比如像“悬疑”这样的手法的运用，或者像“小六”那样两个平行世界里的生活，都是现在很流行的网络类型小说里常见的叙事方法。您的创作有没有受到过影响？

鲁敏：可能没有受到你所说的这些时代因素的影响。因为悬疑手法，或两条线平行叙事，这在很多经典名篇里都被用了很多了。《我的名字叫红》就是用凶杀案来悬置的。《基督山恩仇记》那更是平行空间叙事。村上春树也一直玩这个。其实我觉得大家对“技”的看法，有一点儿误会，要不认为，技术太通俗了，用了一下子“格”就低了。要不认为，技术通俗了，就会畅销了。其实我觉得这两者都有点儿误会。

最高级的，我觉得是：朴素。我现在境界远远不够，所以不太朴素。

杪椤：文学现在面临一个问题，就是与大众读者的疏离，普通读者已经很难再像20世纪80年代那样去追一部文学作品了，文学对大众的效应明显在减弱，我们谈到某种文学热潮或者文学现象，往往止于文坛，而影响不到大众。这对于传统文学或者说“五四”以来形成的新文学传统更明显，网络文学还好一点儿。您在创作中有没有考虑过读者？在意不在意一篇小说可能没有多少人读到这类问题？

鲁敏：我考虑读者，考虑结构和语言在一定程度上的“阅读界面友好”。我也重视传播，所以我会做些新书宣传，会配合媒体，参加一些大众读书会等。有几位我的好朋友，我知道他们是更为纯粹地在为自我或为纯粹的精神趣味写作，他们比我要纯粹一些。但有时深入交谈，发现类似的关于读者和传播的焦虑与不安，也还是有的。我觉得这并不羞耻。一个作家不会因为他渴望被阅读、渴望影响大众，而变得低级了。这是任何一个艺术家最起码的诉求。高冷到哲学意味的《恶心》《城堡》，其实也一样，是通过传播和谈论来获得价值的，哪怕是被拒绝和被冷落被误解的价值。

现在的文学荣光与效应少了,但小众的荣光可能更为宝贵。只是大部分的我们还不够好，甚至没有好过一部分科幻，一部分非虚构，一部分网络。所以这不是哀之怨之的事情，是大家需要让自己更有力量的事情。

杪椤：现在很多大学开设“创意写作”之类的创作教程，您觉得小说创作的功力能够通过教育来提升吗？可以请您就小说创作对“80后”“90后”甚至“00后”这些年轻作家提点儿建议吗？

鲁敏：技术上是可以学到的。包括阅读，可以有大书单的填压与炮轰。包括一些写作基本原理、戏剧手法、文本创意，我觉得通过“创意写作”是可以学习到的。但这些终究是技术性的。技术性的部分，可以帮助一名写作者走到中等位置，但成为有个性有价值的优秀作家，这些还是远远不够的。需要生活本身，需要打击，需要对世界的看法。这些听起来比较虚，但往往是成败、体量大小的关键所在。好像得“自学”，或者说，得跟从时间和生活的重量里头来学。

年轻人有志于写作的话，我的建议是：大量大量地、不要命地读，然后做与写作无关的富有生活滋味的工作。

对话薛舒：把最好的部分给这个世界

薛舒，小说家。著有小说集《成人记》、长篇小说《残镇》、长篇非虚构《太阳透过玻璃》等近二十部。作品曾获《人民文学》奖、《中国作家》奖、《上海文学》奖、《北京文学》优秀作品奖、《长江文艺》双年奖等，多次入选收获文学榜、中国当代文学最新作品年度排行榜、城市文学排行榜等。部分小说被译为英文、法文、德文、波兰文、葡萄牙文、丹麦文出版或发表。现为中国作家协会委员会委员，上海作家协会副主席。

桫椤： 你写完《远去的人》这部作品已经两年多了，我现在急切地想知道，父亲他老人家怎样了？可以说说吗？

薛舒：《远去的人》出版的同时，我父亲住进了医院。那是一家社区卫生服务中心，离家十公里左右，所有住院病人无一例外都是生活不能自理的老人。我父亲在病床上躺了一年多，日常生活完全靠护工护理，不是他的手脚出了问题，而是大脑衰退到已经无法把指令发给身体的各器官，便丧失了大部分行为能力。除了咀嚼、吞咽，他什么都不会，不会走路，不会说三个字以上的句子，不认识任何人，更不会表达感情。唯一让我们感到安慰的是，这一年多，父亲经历了同病房的三位老人去世，但死亡并没有对他造成任何影响和刺激，抢救病人时死神敲门的恐怖场面，家属凄厉的哭喊声，这些他都看不见、听不见，抑或看见了、听见了，但这些外来信息已经无法传递到他的大脑并产生情绪反应，世上所有的声音和影像，都不会再左右他。我和母亲都觉得这样挺好，他经历了随时陷入恐惧的病发初期，现在进入了万事漠然的中后期，这也未尝不是好事。没有欢喜，但也没有恐惧，对一个老年病人来说，也许是福分。

桫椤：当我们无法控制疾病的时候，也只能做这样想了，我也在此祝福老人家。在《远去的人》之前，你想到过文学会与家庭生活发生如此紧密的联系吗？你怎样进入文学这个行当？走过了怎样的写作之路？

薛舒：我从未想过要直接去写自己的家庭，但我一直知道作家的生活与作品有着千丝万缕的关系。青少年时代，我也没有当作家的梦想，那时候，我的业余生活充斥着唱歌、弹琴，去音乐学院跟老师学习声乐，还有各种演出。小时候一直觉得，长大后我会做一门与艺术相关的工作。可是后来，我成了一名教师，我没有变成歌唱家，我在艺术殿堂门口徘徊，却始终未有真正跨入。直到2000年那个漫长而自由的暑假，我开始写第一篇小说。很多人问我，什么原因让你忽然想到要写小说？其实很直接的原因就是，身为教师，我有寒暑假这样大段的空闲时间。有时我也会问自己，是否还有别的原因？

记得20世纪90年代中期的一个寒假，买了一堆书，其中有两本余华的，《许三观卖血记》和《活着》。读完这两本书，我忽然有种强烈的冲动，想要写一写小时候成长与生活的小镇，写一写那些鸡鸣狗盗、鸡毛蒜皮，写一写把局促而卑微的生活过得风生水起的小人物。也许是余华小说中的地域特征与我生活的江南小镇非常相像，我甚至觉得，他的“胜利饭店”就开在我们小镇上，那个坐在油腻的饭桌边点一盘爆炒猪肝、温二两黄酒吃得满脸骄傲的许三观，就是我的一位邻居爷叔……这些都是太熟悉的场景，我也因此迷上了余华那种戏谑而又悲悯的叙述语言，我觉得，这才是我所记得的小镇生活。想要写一写我的小镇的冲动一直酝酿到2000年才开始动笔，第一篇叫《记忆刘湾》的短篇小说写完，但我没有想到要投稿，只发在了当时正火的榕树下文学网站。一年以后，在朋友的推荐下，我的几个短篇小说被王安忆老师看到。那是一个幸运的下午，我在电话里听到了王安忆老师的声音，她说，她在担任“榕树下”文学比赛的评委时读到过我的小说，她还说我的《记忆刘湾》写得不错，当然，她还批评了我的另外几个短篇小说，也给我提了很多建议。彼时，我只感觉，有一朵祥云忽然笼罩在了我头上……几天以后，我又接到了当时的《收获》副主编肖元敏老师的电话，她说，《记忆刘湾》准备刊用；再后来，在《收获》的推荐下，我成了上海作协新世纪青年创作班的学员。

我相信，有无数的写作者希望得到文学大师的指点和提携，我也相信，有多少写作者为着能在《收获》上发表作品而觉得骄傲。而我，真心觉得自己非常幸运，2002 年，成为我人生的转折点，更是我的幸运年。与王安忆老师的通话，以及作品在《收获》《上海文学》的发表，对一个初试文学创作的年轻人来说，是多么巨大的鼓励，从另一种角度来说，那成了我人生抉择最强大的推动力。从那以后，除了讲台，我的所有业余时间，都给了小说创作。

2009 年，我成了上海作协的专业作家。有一次过教师节，老同学一起去探望我们的中学班主任，他看着我说："你怎么就成作家了呢？你做歌唱家我还能相信，作家，真不敢相信啊！"

老师的疑问，亦是我自己始终未能完全明白的，我怎么就忽然想要写作了呢？但有一点儿我很确定，写小说让我觉得快乐。好像有一种说法，当你在从事某个工作的时候，你很快乐，即便期间有许多痛苦，但快乐却更深刻、更终极，那么你很幸运，你找到了属于你的工作。

桫椤：我在《文学报》上看到有关《远去的人》的消息，等到后来读到文本，我为来自亲人的温暖所打动，也体味到生命的无奈，但我又有点儿不大相信，觉得这本书的作者根本不应该是那个写小说的薛舒。我应该向你致敬，你能够直面亲人的遭遇，而且这部书曾经帮助和鼓励过很多有阿尔茨海默病病人的家庭，我一位朋友的爷爷是AD患者，朋友读了你的书之后引导家里人调整面对病人时的心态，好像把整个家庭都拯救了。你在写作之前有没有想到自己的创作对公众的影响？你怎么看非虚构作品的公共担当问题？

薛舒：谢谢您这么评价《远去的人》，任何人对我的鼓励，于我而言都是莫大的精神支持。您所说的情况，在我周边也有发生，家中出现阿尔茨海默病患者，整个家庭陷入痛苦中，甚至是生无可恋的绝望。阿尔茨海默病患者至少需要一个专门的看护来照顾，很多时候一个还不够，为此你的生活变得忙乱不堪甚至焦头烂额，你无法继续自己的工作，甚至失去自己的生活。这就是阿尔茨海默病患者的家人所要面临和承担的“失去”，我们的身份，我们的名字，我们的爱，在亲人的记忆中渐渐失去，直至杳无踪影，我们还在此种状态中失去了自己。而我，把这样的“失去”记录下来，本意并非想给人以借鉴，但如果《远去的人》有这样的作用，也给了与我有同样遭遇的人抚慰，以及现实的帮助，我会感到很高兴，也觉得这个作品有了更当下的意义。

父亲病后，我加入了一个“阿尔茨海默病人家属”的QQ群，在这个群里，有几千个患者的儿女小辈或配偶，他们每天谈论着亲人的病况，谈论着自己的艰辛与困境。有人为了照顾患病的父母而辞去工作；有人与病人日夜相处，长期处于巨大压力中，自己得了抑郁症；有人因为长年住在父母家照顾老人，得不到爱人的理解而离婚；有人因为太累、太烦、太无奈而精神趋于崩溃，在群里破口大骂自己的老爸老妈；也有的在群里忏悔，为母亲抓着米饭到处乱撒而打了母亲的手，为父亲把屎尿拉得满地都是而在老人的屁股上狠狠抽了一巴掌……他们用打字的方式宣泄过后，继续去为那些患病的老人喂饭喂水、端屎端尿、洗衣擦身。没有经历过的人，无法明白家里有这样一个病人的痛苦，他们只能在群里抱怨、痛哭、骂人，为的只是抱团取暖、聊以自慰。

我写《远去的人》，起初也只是对这种遭遇的情绪宣泄，以及对痛苦的自我消解，但我不希望这本书的目的仅仅是为了表达悲苦与焦虑的情绪，这不是我要的结果，我写这本书，更多的是一种追问。我是谁？我为什么是我？人之存在的核心，是否就是“记忆”？当我失去记忆，我就不知道我是谁。或者，当我在所有人的记忆中丢失，那么我用什么来标识自己、定位自己，并且告诉自己，我就是我？失去记忆是一件十分恐怖的事，在我父亲最初一点点失去记忆的时候，他表现出来的症状就是恐惧，他所看到的一切都是陌生的，周遭的人他都不认识，他每时每刻都处于恐惧中。我觉得，这样的恐惧，才是我最初的困惑，也觉得这是最需要追问的问题。

虚构或非虚构，只是写作者表达的手段，在我，我不认为它们哪个更具有公共担当，如果说有区别，大概非虚构更具当下性，虚构作品的担当也许会在更久以后显现。但我想，如果是一部好作品，它的艺术性或社会性都会更趋于永久，无论是虚构还是非虚构。

杪椤：前不久我在《南方周末》上看到，斯韦特兰娜·阿列克谢耶维奇在上海说，她关注历史的轮回，从而使自己的写作具有了历史感。当然她所经历的她自己的国家和民族的历史，是有特殊性的，而我们这个年代的人更多地需要处理庸常的、琐碎的日常经验，那么非虚构写作的必要性在哪里？

薛舒：创作者笔端的聚焦，我觉得归根结底来自基因。生命有其基因，社会文化也有其基因。有些东西是血液里带来的，我想，“历史”“文化”，都是流淌在社会这个生命体中的血液。当然，很多时候基因也会突变。我接受一切基因里带来的性状，并听从基因的召唤。所以，我很少思考某种写作形式是否比另一种写作形式更具必要性。就好像怀孕了，一不小心，这就是一个女孩，抑或男孩。一不小心，《远去的人》就成了一个非虚构作品。尽管这个孩子是我亲自孕育，但我不能左右孩子的性别，我更关心的是这个男孩抑或女孩的智商和体质，所以，我能做的，就是力求优生优育。

杪椤：面对父亲越来越严重的病患，你曾经说：“小说的虚构已经无法承担我的焦躁，我必须毫不掩藏地袒露，以及宣泄。”看来非虚构在表达个人情感或情绪方面，来得更直接，对吗？

薛舒：我想，我只是正好写了自己的家庭，所以我的情感和情绪宣泄显得比较直接。但这并不表示非虚构就一定比虚构更直接，就我所看过的一些非虚构作品，也有很多种，比如杜鲁门·卡波特的《冷血》和阿列克谢耶维奇的《二手时间》，就是两个很不一样的作品，前者极度客观冷静，读来真实可靠而又极具距离感，后者始终是当事者激动的情绪和激烈的思想呈现。所以，我也认为，不能把非虚构简单地理解为“纪实”。

桫椤：我最早关注到你的小说大概是在2009年，后来在马季老师的指导下合作写评论文章，最近《人民文学》杂志社的微信公众号在做你的专辑时又推送了一次。反顾你之前的写作，再看你现在的小说，我感觉你正在从关注上海的变化到关注上海人的日常生活，进入到真正意义上的城市写作。比如之前你的小说《母鸡生活》《暮紫桥下》《唐装》等这些作品，写“刘湾镇”在融入上海城市生活过程中的动荡与迷茫，而你最近的作品像《世界上最美的脸》《天亮就走人》《砂糖或毒药》等则进入到上海城市生活。你怎么看待自己写作上的转变？

薛舒：从处女作《记忆刘湾》开始，我的小说大多把都市边的乡镇当作地域背景，现在写城市生活的作品占比的确有所上升。倘若说这算是一种转变的话，那我只能说，在不同的环境中生活，对不同物、事、人等的关注也会随之改变。十八岁之前，我一直生活在离上海市区二十公里外的郊区小镇，写作初期，我的题材大多来自那些沉淀在记忆与精神深处的东西。如今我父母和很多亲戚依然生活在那片曾经被叫作“乡下”的土地上，所以，我从未对发生在小镇上的故事失去兴趣，或者说，并不是我的兴趣从乡镇转移到了城市。事实上，我不太会从“乡与城的转变”角度去思考这个问题，我更关心的是“人”的问题。写城市还是写乡镇，那只是一个表象，真正的内核是“人”。

上海郊区的乡镇在融入城市过程中的矛盾，我觉得与普遍的城乡矛盾有很大差别，可以说，那只是“城郊矛盾”。从第一篇小说开始，我就把我的故乡小镇叫作“刘湾镇”，从此以后我就一直这么叫她。在我的故乡小镇，人们把黄浦江西岸那片拥挤的土地叫“上海”，把自己脚下的土地叫“乡下”。黄浦江西岸的人，把我们这些东岸的人叫“阿乡”，而他们总是骄傲地自称“阿拉”。一条黄浦江，让同是上海人的阿拉与阿乡变得隔阂与疏离，可事实上，他们却又过着紧密不可分的生活。

因为紧贴大都市，城市对乡镇的辐射与影响长期以来一直都存在，它们之间的矛盾，不是发达城市与落后乡村的典型矛盾，而是微妙的、暧昧的，并不大张旗鼓的。这种矛盾也不是从城市化进程开始才出现的，而是历来就有，从我外公外婆那一代就有。我那如今已经九十岁却还耳聪目明的外婆，在嫁给我外公之前就是个上海“阿拉”，而不是浦东“阿乡”。她最愿意回忆的就是小时候跟阿哥阿姐去大光明电影院看电影，去百乐门舞厅跳舞，去国际饭店吃某家大小姐的结婚喜酒，去凯司令西餐社吃冰激凌跟奶油栗子蛋糕……七八十年前的女孩最着迷的是费雯·丽的《魂断蓝桥》和卓别林的《摩登时代》，还有本土的金嗓子周璇和电影皇后胡蝶。如今我那一头银发的外婆，还会一字不落地唱出完整的《天涯歌女》《何日君再来》。她还是个爱美的老太太，外出做客时，喜欢给自己枯老的嘴唇涂两瓣淡淡的口红，还要在松弛塌陷、皱纹丛生的脸上扑一层珍珠色底粉。这就是那个年代的女孩审美甚而艺术的启蒙，浅白而摩登，但是根深蒂固。事实上，我外婆的父亲，只是一名给洋行老板开车的司机，月收入却有五十大洋，吃穿无忧，生活富足。我的外公，却是正宗的“阿乡”，出身于浦东地区的工商地主家庭，被父母送到西岸的学堂读书，会说英文。浦东乡镇并非落后农村，也养育了很多文化历史名人，傅雷、张闻天、黄炎培，还有作曲家陈歌辛，都是浦东“阿乡”。再说外婆，她老爹之所以愿意把女儿嫁给一个“阿乡”，也许是因为浦东阿乡既有扎实的家底，又不失阿乡的质朴本性。可是，阿拉和阿乡一旦生活在一起，各种矛盾纷至沓来，生活习惯、待人接物、金钱用度，等等。这些矛盾没有尖锐到一触即发，很多在生活的磨砺之下变得圆润，抑或消解，当然，也有各持己见、互不相容了一辈子的角落。说到底，他们对生活的理解，有着一些相同的内核，比如勤劳持守，脚踏实地；哪怕捉襟见肘，亦要优雅精致；有一些发财的梦想，一些光宗耀祖的志向，但不做“扎了金子买房子，卖了房子扎金子”的投机者；相信因果，坚持种瓜得瓜、种豆得豆……可以这么说，在上海这片土地上的大多数市民，过的是富庶而不事大张旗鼓、安静而不忘责任的生活，不管是阿拉，还是阿乡。

所以，说了这么多我的外公和外婆，就是想表达一个意思，上海的都市与乡镇之间的矛盾起始，远早于改革开放之后的城市化改造。它们之间，不是脑满肠肥与骨瘦如柴的关系，不是宫殿与茅屋的距离，也绝不是刘姥姥进大观园的格格不入。它们的关系，就是我外婆与外公的关系，对于我来说，那就是一种常态，是我打一出生就存在的关系。所以，无论是写城市还是写乡镇，我都没想要把彰显城乡矛盾当成最重要的“梗”，城也好，乡也好，都是“人”的背景，剧烈抑或暧昧的城乡矛盾，都只是促发人性如何显现而已。

杪椤：我们正在经历世界上最大规模的城镇化过程，这似乎是“70后”一代作家的机遇，在同代人中，书写城乡生活变迁的不在少数，像肖江虹、张楚的写作。我看到你笔下的人物与生活是真正契合的，比如，《哭歌》里的小凤仙，《那时花香》里的孙美娣等，他们在城镇化转变过程中面对即将到来的生活——在迷茫之外还是有悸动的，但可怕的是真正过上城里生活之后的精神困顿。所以到了《天亮就走人》里的余静书、《板凳上的疑似白癜风患者》里的吴妹妹和女儿张永丽、《世界上最美的脸》里的余曼丽、《不能回头》里的张子凡这里，他们在城市生活中感受到了平淡、枯燥和乏味，因此尝试着改变现状和突破自我，但他们的努力并没有结果。这就是城市生活的现状，面对巨大而又杂乱无章的生活，人没有能力改变现实。你觉得城市文学就是呈现这些真相吗？我总觉得窄了些，但又说不好城市叙事的目标在哪里。

薛舒：其实《哭歌》中的小凤仙和《那时花香》里的孙美娣也是绝望的，她们也尝试着改变现状和突破自我，她们的努力也没有结果，甚至她们比城市里的余静书、张永丽、于曼丽、张子凡更惨，她们除了精神的无力，还面临着生存的威胁。我相信城乡差别不仅有物质性的体现，更多的应该是精神困顿，但这依然不是我着力思考的方面。

有时候，“真相”是微妙的、暧昧的，有时候，“真相”也是令人忧伤、让人失语的，“真相”更是复杂、庞大而不确定的，迷茫、无奈、无力、失语，这些都是城市的真相，其实也是人类的真相，但肯定不是全部真相。至于城市叙事的目标，这样宏大的问题，也许不是小说家的任务吧？

记得史铁生有这样一句话——小说家的任务是发现困境，解决困境和总结真理的荣誉不属于我们。

当我无法回答一些棘手抑或超过我能力范围的问题时，我喜欢用这句话来解脱自己。哈哈！

桫椤：看到你用史铁生的这句话，忽然感觉我们像两个武师对打，你很熟悉我的套路，知道怎么卸掉我击过来的掌力！我关注的点或者对你作品的理解也不一定符合你的心思，我想再追问一句这个问题，孟繁华曾经在一篇文章中谈到，当代中国的城市文化还没有建立起来，中国的城市文学也在建构之中。你怎么看待这个问题？

薛舒：很抱歉，我能否重复使用史铁生的话？那就是：小说家的任务是发现困境，解决困境和总结真理的荣誉不属于我们！

桫椤：我的“坑”是不会多过你的“套路”的！言归正传，继续回到作品中。上海所代表的现代意义上的中国城市文化尽管与乡土传统相比，历史还很短，但积淀正变得厚重起来，金宇澄的《繁花》就关注了老上海，也写了新上海。对比你的《彼得的婚礼》，我觉得你对老上海人文精神的书写也极为出色，邬彼得那样醉心于自己的职业，这个人的命运简直就是上海这座城市的映射。邬彼得最后与模特发生了“皮格马利翁效应”，相信读到他抱着身穿漂亮婚纱的塑料模特离开时被打动的读者不止我一个。这篇小说发生的原因是什么？

薛舒：我喜欢这样的问题，追溯一部小说的灵感起始，这也是对自己的一次梳理和反思。

先说说邬彼得和邬玛丽这两个名字吧。我有一位小学同学，她母亲是个“阿乡”，叫“来弟”还是“跟弟”，那种很乡土的名字，而她父亲却是个上海工人，是一家工厂里的电工，手艺超好，每个周末都会打扮得光鲜铮亮地回浦东与家人团聚。有一次我到她家去玩，听见她母亲用浦东方言对她父亲说：“林憋得，隔壁毛阿姨屋里厢电灯坏脱了，侬去帮伊修一修呀。”

我不知道上海话的“憋得”究竟是哪两个字，悄悄问同学，才知道是“彼得”。当时觉得很好笑，这算什么名字？没过多久，学校包场看电影《青春万岁》，小学生的我对那个叫王蒙的作者不感兴趣，却对“呼玛丽”这个名字念念不忘。呼玛丽是在孤儿院里长大的，修女嬷嬷要她在周日为教堂的弥撒做杂事，不许她参加学校的团队活动。当然，最后呼玛丽在团支部书记的帮助和召唤下逃出教堂，加入了同学们的队伍。当时我并不知道“玛丽”这个名字的由来，只认为是修女嬷嬷起的洋名，并且，我把电影里未出现的修女嬷嬷脑补成一个严厉、瘦削、难看，并且不会笑的外国女人的形象。后来渐渐长大，知道了《新约》《旧约》，也知道了上帝和耶稣，同时我也发现，上海人叫“彼得”“保罗”“大卫”的有不少，想必我那小学同学的父亲来自一个有西洋宗教信仰的家庭。

这就是《彼得的婚礼》最初的起源，当然，那时候我还没有想到要把“彼得”写进一部小说，更没有想到要把他虚构成一个橱窗设计师，当然，也没有让他爱上一个塑料模特并把它叫作“玛丽”。后来有一次，读到特蕾莎修女的一段话，大意是：如果你仁慈，别人可能会诬蔑你别有所图，但无论如何，要仁慈。如果你诚实，别人可能会欺骗你，但无论如何，要诚实。如果你找到快乐，别人可能会嫉妒你，但无论如何，要快乐。你今天做的好事，可能明天就被忘记，但无论如何，要做好事。把你所拥有最好的部分给这个世界，它也许永远不够，但无论如何，给出你最好的……读完这段话，我忽然想起，小时候想象中呼玛丽的监护人，那个严厉、瘦削、难看，并且不会笑的修女嬷嬷，其实与特蕾莎修女长得很像。还有，现在，我们把那些为教堂的周日弥撒做杂事的人叫义工，或志愿者。与呼玛丽不同的是，义工或志愿者是自愿的，没有人强迫他们只准在星期天去教堂做义工，不准去看电影、郊游……

好吧，我想，我要写的依然是人，那种坚持仁慈、坚持诚实、坚持给出自己最好的部分、被伤害却依然怀揣梦想的人。而上海这个城市，是最能够让彼得成为彼得，而不是贫嘴的张大民或打官司的秋菊的地方。

桫椤：难怪这个小说如此生动，原来它已经在你的心中存在了那么久的时间，你把它从乡下带到城里。你在对邬彼得这个人物形象的刻画中，特别注重通过剖析心理展现人物的精神世界，这也可见你从“人”出发的小说观念。你小说里的人物是普通人，但常常是被生活边缘化了的，甚至略有残疾或病态的，《世界上最美的脸》写盲人按摩师，《板凳上的疑似白癜风患者》里张永丽是个患上心理疾病的离异女子，当然邬彼得也是生活中非常另类的人。他们的共同之处在于：他们有着对抗现实敏感而强大的精神世界。对比《远去的人》中父亲记忆的丧失，你的创作也走过了一个从关注外在现实又“向内转”的过程，这种转变的发生与什么有关呢？

薛舒：我经常被周围的人认为是一个开朗活泼，属于外向型性格的人，但我自己很清楚，很多时候我与生活的关系是有些拧巴的。我害怕聚会之类的群体活动，怕与别人一起吃饭、游玩，怕在上下班途中遇到同事需要结伴同行，尽一切可能逃避与领导、长辈交谈，甚至没有先生在场，我会找借口逃避和公公婆婆一起吃饭。可一旦逃避不掉，不得不参加那些吃饭、聚会、游玩、交谈，我又会表现得很自然，很随意，游刃有余，没人能看出我内心的挣扎和随时都想逃离的焦虑。先生说我这是轻度“自闭”，可我不怕在台上发言讲话，不怕独自一人去很远很远的陌生地方，做节目主持人或者歌唱表演时我不会怯场……所以，没有人相信我“自闭”。我想，一定会有别人和我一样，遇到一些上不了台面的困境，很难言说的别扭与不和谐，在别人眼中轻如鸿毛，对自己而言却是执念的尴尬。很多时候，火热的心也许隐藏在冰冷的脸后面，温和的微笑也许掩饰了激烈的思想。一切行为都有其复杂的内因，每个人都有一颗也许自己都言说不清的心，而我们呈现给外部世界的，也许只是冰山一角，也许根本就是阴差阳错、黑白颠倒。“向内转”，即是企图更走近事实以外的精神真相，尽管也许我选择了一条错误的路。

还记得参加鲁迅文学院高研班学习时，当时的胡平院长给我们上课时说的一句话：小说，就是要写出平凡中的不平凡，和不平凡中的平凡。大概，这也是我愿意写那些边缘化的人物的原因吧。

杪椤：你说的自己面对外在世界的状态，并不是你一个人独有的。我仍然记得第一次在上海作协一楼会议室里见到你的时候，之前我们虽未曾谋面但名字还是熟悉的，可是寒暄过后我也躲得远远地，觉得不敢跟你说话。我们大概做事都非常期待完美，因此总是在事前想很多，但当无法回避的时候，也就豁出去了，无论世界是不是我们想象中的样子，我们也就迎上去。就像你写小说，小说里的世界还是现实主义的，虽然你注重人物的内心世界，但是你没有过度陌生化和寓言化现实世界。你身边有像孙甘露老师这样先锋写作的旗手式人物，也有程德培、吴亮等这些最早研究先锋小说的批评家们，我们这一代作家基本上都受到过他们的影响。先锋小说特别注重小说艺术的形式，包括语言的形式等，讲究“怎么写”的技巧，但你的小说里有一个非常明确的观念，就是在强调“写什么”。

薛舒：我觉得我也是很受一些先锋小说的影响的，读了不少余华、苏童、格非、残雪的短篇小说，还有马原的长篇小说。孙甘露老师的先锋小说，那简直就是精美绝伦的抽象画，我非常喜欢，极具审美意义，学不来的。我也尝试着写过一些有先锋倾向的小说，比如发表于《十月》的短篇小说《第三者》，还有，像《板凳上的疑似白癜风患者》《万花筒》《海棠红鞋》这些，也受了一些先锋小说的影响。不过，很少有女性作家十分先锋，好像只有一个残雪比较典型。我觉得自己还是常常表现出妥协的姿态，在面对如何表达的难题时，我会选择自己更熟悉的方式，而不是更有挑战的方式。我自认为不是一个有着强大的先天才华的写作者，有时候还很笨拙和浅薄，所以我选择比较保守或老实的方法去写作。

不过在五年前，我还明确地认为怎么写比写什么更重要，倘若说写什么更重要，那这个世上早就没有更精彩的东西好写了，那么多大师名家早已写尽了人性的善恶、人间的百态，还用我去写？而如今，什么样离奇的八卦故事我们没在网络上见识过？还用小说家去写？所以，怎么写才是更重要的。后来有一次，一位青年评论者在读了我发表在《上海文学》的中篇小说《隐声街》后说：“你现在的写作技巧已经很圆熟，你要考虑的已经不是怎么写的问题了，而是写什么……”我当然不认同他的说法，可是回头细想，忽然有些迷茫。人们一直以来所说的“怎么写”，仅仅是指文学创作的技术问题吗？包括文字、语言、结构、形式，等等。而“写什么”，仅仅是指内容呈现？包括背景、人物、故事、细节？那么精神价值、哲学意义、审美追求呢？这又属于“写什么”还是“怎么写”的范畴吗？或者都脱不了干系？忽然觉得，写什么还是怎么写，有些伪命题的意思了。所以现在，我一般不敢轻易说哪个更重要，简单地区分“写什么”还是“怎么写”更重要，对小说而言太粗暴了。

桫椤：作为“70后”作家，我们未必是“终结历史”的人，但是我曾戏言我们是最后一代有深重历史感的人，受过正统的历史和主流价值观的教育，仍旧尝试着探寻人生的意义，我觉得你的写作关注人的精神世界与此也不无关系。而在当下的时代，消费因素逐渐进入文学，娱乐性、消遣性正在消解文学对意义和价值的追求。比如现在如火如荼的网络文学，上海是网络文学重镇，网络文学引起读者和作者的关系发生变化，我一直担心一个问题，在网络阅读中成长起来的读者，很可能排斥文学作为艺术的特征，尤其像你这样“向内”的写法。在中国的古典传统中，小说一直是世俗的，但是“五四”以来的新文学传统不仅把小说引向了人的生命，直接切入人类灵魂，并与国家和民族的兴亡联系了起来，那么现在小说的世俗性再次显现出来；而从另一个角度讲，文学常常被喻为“心灵的家园”，但消费型写作却加速了社会世俗化的进程，你觉得我们现在意义上的小说未来会发生什么变化？

薛舒：文学和生命一样，需要孕育、繁衍。生命繁衍时，一定是有所传承，有所遗失，也有所变异的。假如说娱乐性、消遣性都是当今文学生态中的“恶劣”部分，那么文学唯一能做的就是在不改变“属性”的前提下努力适者生存。如果文学本身是强大的，那它会在恶劣的生态环境中适应、延续、繁衍下去，甚至进化出具备更强、更全面的适应力和免疫力的文学。明清时代的小说写作者也许不会想到今天会出现先锋派这样在他们看来实在不太像小说的小说，也不会想到“世俗”的小说会站到今天这样高尚的位置。未来世界中，什么才是更有意义、更有价值的，由今天的我们来猜度，都会受过去与眼下的限制。而我总是乐观地认为，关注文学意义和艺术价值追求的年轻人一点儿都不比20世纪五六十年代以上的人少，看《小时代》和《泰囧》的年轻人也一点儿都不比追看世俗无聊的电视连续剧的大妈大爷多。娱乐性和消遣性总是属于大多数，文学意义和艺术追求永远属于小众，这在任何年龄段中的占比分布大致都一样。

杪椤：你读过网络小说吗？如果读过，你觉得网络小说在文学意义上最大的成功之处在哪里？

薛舒：那种在网络上每日更新，动辄几百万字的小说我没时间读，太长，太费时间。如果只是指网络上的小说这种形式，那我现在的文学阅读，一半来自书和杂志，另一半就来自网络。我一直认为，所谓网络小说，就是以一种新的传播方式被人们阅读到的小说，不需要发表于刊物或者出版成书籍这个漫长的过程。那些每日更新的网络小说，也不算是新的创作方式，民国时期就有报刊连载小说，作家今天写出来的内容，读者明天就可以读到，作家还可以随时了解到读者的意见，继续并修正接下去的故事。所以，我不认为网络小说是一种全新的形式，不同之处只是网络比报刊书籍快得多。必须承认网络的力量，它给文学的阅读和传播带来了革命性的变化。当然，网络也使商业、金融、文化、教育等发生重大变革，所以这是网络的成功，不是文学的成功。

对话黄咏梅：文学就是我的“逃跑计划”

黄咏梅，广西梧州人。生于1974年。广西师范大学中文系硕士研究生。10岁开始写诗歌，诗歌多发表在《诗刊》《星星诗刊》《诗歌报》等，14岁出版第一本诗集《少女的憧憬》，17岁出版第二本诗集《寻找青鸟》。2002年转向小说创作。在《人民文学》《花城》《钟山》《收获》《十月》等杂志发表小说近百万字。多篇被《小说月报》《中篇小说选刊》《小说选刊》等转载并收入多种选本。出版小说《一本正经》《把梦想喂肥》《隐身登录》《少爷威威》《走甜》等。曾获鲁迅文学奖、《十月》文学奖、《人民文学》新人奖、《钟山》文学奖、林斤澜优秀短篇小说奖等。小说多次进入中国小说学会年度排行榜。

杪椤：你很早就写诗，并且颇有成就，十几岁就出版诗集。

还能否回想起来，当初是怎样走上诗歌之路的？

黄咏梅： 基本上，从识字开始，我就跟文学在一起了，并不是什么天生禀赋，而是因为我有一个文学青年爸爸。父亲是个传统文人，是暨南大学63级历史系的学生，但他其实不是那么喜欢历史，总是溜到中文系蹭课，喜欢写写诗歌、杂文之类的，我想象，他应该在当时就是一个不折不扣的文学青年。他似乎在我生下来之前，就设计着要让我来实现他的文学理想，所以，他早早就开始用唐诗宋词来熏陶我。现在，很多诗词我已经不能背诵，但是念起来还是很熟悉，尤其那些韵脚，我想肯定是因为小时候背过的，但因为背诵的时候不知其意，所以没法牢记。十岁时，我自己开始尝试诗歌创作并开始发表。写诗贯穿了我整个读书生涯，直到工作。

杪椤： 我看网上的资料，2002年之前您的创作还主要在诗歌上，现在看杂志，经常读到的是你的小说。你现在还写诗吗？你怎样评价作诗人的那段人生？

黄咏梅： 不写诗了。但还是很爱读诗。我始终觉得诗歌是最高级的文学体裁，如同用金子打制出来的蝉翼。无疑，写诗改变了我的命运。因为写诗，我在学校一直都是保送生，从大学到研究生都没考过，你知道的，对于一个严重偏科的学生来说，这是非常幸运的事情。我觉得从写诗一直到写小说，都是一种语言训练。早期写诗使我养成了对语言的苛求，同时也放飞了想象力，无此，我想我没有可能写作直到今天。少年容易“为赋新词强说愁”，我的确天性多愁善感，回想那段写诗的成长阶段，内心敏感又滋润地长大了，虽然这在别人看来，文学是很“无用”的，但我觉得文学修养了我，并将继续修养我一辈子。

杪椤：你从一个小有名气的诗人转向小说创作，真像你在《广州不是一个适合诗意生长的地方》说的那样吗？弃掉曾经给你带来成就感的诗歌，有过不舍吗？

黄咏梅：我是2002年开始写小说的。1998年，我从广西师范大学中文系毕业，分到广州《羊城晚报》副刊工作，干的编辑工作一直跟文学关联。那段时间在报纸上开过一些专栏，都是写千字小短文。事实上，现在回想起来，转向写小说大概跟在《新快报》写那些小短文有关。那时候，我给那张报纸一个“世道人心”的专版写文章，就是那种日常生活故事加上一些小感受、小哲思的文章。因为广州是我独立生活后待的第一个城市，我对它有着巨大的好奇心和新鲜感。对于广州这座城市，我现在闭着眼睛都能感觉得到扑面而来的世俗生活气息，从早上一打开门走出去直到万家灯火，这些气息密集而浓重。只有夜晚回到自己的书房，打开台灯，人才有一个相对疏离的空间。我把所见所闻，真实的加上一些虚构的，写成一个个小故事。大概写了有两年时间，我渐渐感到这种短文在耗费我的故事和题材，很多故事其实可以铺展来写。就是这样的想法，使我萌生了写小说的念头，在朋友的鼓励下，2002年开始写第一个小说《路过春天》，发表在《花城》杂志上。从诗歌转向写小说，对于我来说是个很自然的过程，就像一个人从少年长成青年、中年、老年那样。我的确说过，广州是个不适合诗意生长的地方，但这仅仅是从我的个体感受来说，事实上，广州有着一大群数量庞大的诗人，比写小说的要多得多，我跟他们很多都是朋友，他们即使面临着很现实的生存问题，也没有抛弃诗歌。我想我转向写小说，也许就是找到另外一种文体的运用，借此表达我的人生体验和生命感悟吧。诗歌的虚和小说的实，这二者并不是壁垒森严的，我深深意识到，在我的小说里，我最在意的是那些一抹抹掩饰不住的诗意，我视它们为小说中的珍珠。

杪椤：童年视角是你小说中的重要叙事选择，比如像《契爷》《单双》《小姨》这些作品。有学者曾说在你的小说中“我们很少看到与作家自身相吻合的人物形象，也很少发现与创作主体相印证的生存境域”，你出生在广西？是农村吗？你的童年生活对你后来的文学创作有着怎样的影响？

黄咏梅：我出生在广西梧州，是一个具有2200多年历史的小城市，毗邻广东。我曾经说过，我们“70后”一代，是“描红本的一代”，中规中矩，人生经历的大事情无非就是考学，逃课几乎就是我在童年中做得最出格的事情。相比农村的孩子，城市孩子的童年生活是很平淡的。如果说对写作有什么影响的话，那就是我们比上一代作家在成长时期，能获得更多的一些书籍的陶冶。我从小喜欢看书，各种书，那时候也没有什么选择不选择的，似乎什么书都能读得下去。值得一说的是，在两广（广东、广西），20世纪80年代流行文化是很繁荣的，主要是通俗小说。香港、台湾的言情、武打小说，在租书店里要排期才能等到，我估计流行的程度有点儿像现在的网络文学。

我就是从那一堆流行读物里，接触到了张爱玲，并且喜欢上。那会儿张爱玲的小说也被书店放在“言情”小说里的，跟琼瑶、三毛、亦舒她们一起，并不是“严肃”的，但我就觉得张爱玲跟其他人很不一样。总之，读书是我童年时期主要的娱乐之一，就跟现在的孩子看电视玩电脑一样。

桫椤：你受过专业的文学教育，你现在在文学上的成功是否与上大学时所受到过的教育有关呢？在我们的传统观念里，总觉得课堂是培养不出作家来的，但当下“创意写作”之类的写作学科已经在大学里很普遍了。你怎么看待这个问题？

黄咏梅：谈不上什么成功吧，只是这么多年还在坚持写，并且热情不变就是了。我的本科、研究生都是在广西师范大学中文系读的。广西师范大学对写作特长是很重视的，从民国开始就出现了“独秀作家群”，至今已经第三代了，为了提高学生的读写能力，学校经常会邀请这些作家回去讲座、研讨、交流，前两年还出版了“独秀作家群作品集”“访谈集”“研究集”，以一个大学为依托的作家群体，我不了解其他高校有没有，但是广西师范大学是一直在做，这就使得学校的文学氛围很好。身处这种氛围中，有志于搞写作的学生肯定是会受到影响的。比方说，老师上文学史讲到的古今中外的经典书籍，要是为了应付考试只会泛泛去了解，不会细读，但我就会去细读。中文系那些时光应该是我最集中、最仔细去读大量经典作品的时光，这肯定是对写作有很大帮助的。至于你说的“课堂培养不出作家”的问题，我想，如果一个计划写作的人去中文系读书，肯定会有帮助，反过来，一个不想写作的人，即使参加再多创意写作班，不写还是不会写，关键看个体有没有这个意愿吧。大学里设置写作学课当然是好的，也是必需的，大学生无论将来毕业从事什么行业，即使不写作，但是能写出流畅甚至漂亮的文字，哪怕仅仅是年终工作总结、宣传稿之类的，也是一个技能，也算是“有用”的。

桫椤：大学毕业后到广州工作，从童年到大学，再到广州这样“改革开放的最前沿”，你的创作所面临的生活经验始终是新的，但你总是很好地将那种陌生感化解掉，它们就幻化成作品中丰沛的世界和生动的人物。你要么是有天赋，要么是找到了什么诀窍，你觉得你的写作在多大程度上“实现”了你的自我？

黄咏梅：我其实不太愿意写自己。我的经验乏善可陈，我的简历就那么几行，而目前我的日常生活，更是平淡得难以想象。我是一个很宅的人。在这种波澜不惊的生活状态下，却要去写小说，写冲突，写悲欢离合，我觉得，这就是虚构的魅力，也是写小说的吸引力。也许你会说，这样写小说是否会导致人物的“隔”、不贴？当然会！毕竟，对准自己，直抒胸臆，这样的写作，只要不缺少真诚，往往都会好把握，都容易“不隔”“熨帖”。但是，对于我笔下的那些人物来说，我虽然是个“旁观者”，我跟他们有着距离，然而，这些人物却是我“彻夜长谈”“处心积虑”“动心动肺”过后诞生的，他们最终无一不跟我合体。陈晓明老师曾经在一篇评论我小说的文章里说过："以她略微显得'无知'的单纯与天真去讲述小人物的命运遭际，这就是她有意去主体化的叙述。"我觉得他说的就是我想实现的。的确，我借用了小说人物的肉身、命运、语言，书写了我对这个世界、人生的看法，我的姿态、眼神、心性、情感时刻跟他们保持着一致，我想，这就是我在小说中实现自我的一种隐秘的方式吧。我没有什么诀窍可分享，就是在写作的时候，试图放下自己的种种成见甚至尊严，跟那个你设定的人物在一起，死活都要在一起。

桫椤：在《对折》《粉丝》这些作品中，我觉得你特别准确地抓住了生活的本质，比如《对折》里的好好与陈天珉，夫妻成为"熟悉的陌生人"，《粉丝》中自我在群体喧嚣中的迷失。人本来该有的复杂生活被社会异化为简单的行动，这或许就是"时代性"的某些侧面。

黄咏梅：嗯，写异化一直被认为是文学的现代性特征，一直被书写至今。我们"70后"一代，擅长写日常生活，在日常描写里体现异化，并不是通过变形、极致的方式，那是先锋作家们爱干的。"70后"并没有特别强调去写主流意识形态或者宏大叙事的主题，而是从日常生活书写入手，强调个体的自我表达。我的多数小说，都是从日常生活的人和事中，体现时代性，体现时代变迁之下的人的常情常理的变化，这种异化表面上也许波澜不惊，就像你说的那几个小说一样，但我力求从一个个窄的切口，深入地、真切地反映这些时代的病症。

桫椤：尽管你笔下的人物都在你建构的喧嚣俗世中生活，

但无论对生活还是情感，他们有着强烈的孤独感和幻灭感，《隐身登录》里的那个患了癫痫病的女孩、《暖死亡》里的林求安、《特定时期的爱情》的“我”，你的小说里潜隐着忧伤、沉郁、冷幽的风格基调，这些人物就像被置身于莽荒之中，孑然而立、四顾萧然的感觉。为他们赋予这样的性格形象，你是怎样考虑的？

黄咏梅：评论家汪政和晓华老师早年在写《论黄咏梅》的时候，将我的小说分为“冷调子”和“暖调子”两类。大概你说的这些人物形象，就是“冷调子”类型里的人物吧。我倒没有很刻意地去将小说分类。我的确是比较偏爱忧伤的风格，大概跟个人的审美趣味有关吧。比方说阅读，我就喜欢读到那种令人唏嘘、感怀的作品，相比那些甜蜜而优雅的谎言、撼人三观的紧张刺激，我更喜欢读到那些发自心灵闺阁中的声声叹息。我喜欢写人在陷入孤独时的那种荒芜感、畸零感，因为那些时刻，人更容易看清世界和自己，就像所有的疼痛只有在夜深人静的时候才会被无限地放大。与其说我喜欢写弱势者，不如说我喜欢写虚弱的心。

桫椤：像少爷威威、鲍鱼师傅、开发区、普鲁斯特杨、丘处机这些普通人的角色，他们身怀对人生的向往，试图在生活中保持自我，但终是不能逃脱现实的牵制，一个个不得不回到现实中来；而另一些角色，像小姨、契爷、《单双》中的李小多、《骑楼》中的小军等则敢于以内心在现实中“拼命”，但代价也是惨重的。

黄咏梅：最近我听一个同事说到一个观点，她是个“80后”，既看网络文学，也看严肃文学。她的感受是，读网络文学，会觉得人很伟大，而读严肃文学，会觉得人很渺小。我觉得她的这个感受比较有趣。大概网络文学里写的都跟现实相距很远，是给人提供营养的，是帮助人在重压之下逃离此间的穿越器。不可否认，人永远都需要获得能量，即使这些能量是虚拟的。但是，严肃文学不负责提供营养，它在认真地、细腻地反映现实的前提下，还原人在现实中的真实心态，也许是无助的，残酷的，沉重的，但你不得不承认，的确如此，严肃文学就是在这些认同感里给人以悲悯和抚恤。

杪椤：作为女性，你并没有多少“自我内在化”的叙写，我不知道你怎样看待“女性”这个自我的身份，你觉得这个性别身份对你的创作有影响吗？你的日常叙事中所建构起来的伦理关系，我觉得是女性独有的，像《文艺女青年杨念真》，你不单单准确切入女性的心理世界，而且把女性之间的那种微妙感觉细腻地摹画出来了。

黄咏梅：女作家一旦开始写作，就面临着被窥视的危险，因为读者会一厢情愿地认为，女作家写的都是自己的那些经验，甚至私生活，这跟一度流行的“私化小说”有很大关系。此外，人们一谈女性写作就容易跟情感、身体、欲望这些词发生关系。我其实挺反感这种关联的。在开始写作的时候，我几乎没考虑过自己是女性就该写关于女性的东西。在我的创作思维里，女性只是一个写作的角度或者视角。我的写作口味很驳杂，我写我感兴趣的，写我能写的，而不是我该写的。当然，又因为自己是女性，所以，在我的小说里，主人公都是以女性居多。女性写作跟男性写作还是有差异的。比方说你提到的那篇《文艺女青年杨念真》，是写两个女人之间微妙的感觉，与婚姻家庭纠葛在一起的女性之间的友情、心态的变化。我想，这类题材的小说，男作家写不过女作家，当然，男作家也不太愿意去写。那些宏大的、社会问题、历史问题的小说，女作家写起来的确力有不逮。这大概跟男人女人的生理状态一样，有一种天性如此的宿命。

杪椤：假如把小说家分为“想象型”和“经验型”两类，你肯定是后一种。但是，你并未直接呈现这个现实，而是关注人在现实中的感受，你笔下的现实事实上是“感觉中的现实”，像《暖死亡》中的那种人在逼仄生活中憋闷的、庸俗的甚至腐朽的感觉。前面谈到的忧伤的，甚至微微的颓废感，以及对人在现实中被异化的关注，在感觉上对现实在某些角度上的陌生化，也使这些作品有着寓言感，像《暖死亡》《隐身登录》《单双》。这令我想到你的小说中的“先锋”的元素，作为“70后”写作者，我们的童年阅读多是革命现实主义文学作品，而青春期前后大概正遇到“先锋小说”的流行，你觉得你的小说受到过“先锋小说”怎样的影响？

黄咏梅：写了十来年，回过头去看，在一些小说里，的确能看出先锋小说的影响，就像你提到的这几篇。刚开始写小说的时候，觉得先锋小说除了具有迷人的叙事腔调之外，更被它所特有的反经验反日常的那些部分所吸引，就好像一个血气方刚的青春期的孩子，总是想挣脱一切无形的条条框框，摆脱、打破甚至颠覆平淡的日常伦理，被它所呈现的奇特、神秘、残酷、迷宫式的样态所吸引，写作自然会不自觉地受到影响。但说实在的，这些对我的写作影响并不特别大。2002 年开始写小说的时候，先锋小说的热潮已经逐渐在消退，新现实主义小说崛起，很大一部分“70 后”作家因为热衷于写日常生活，自然而然地加入了这个队伍，除了有一部分作家比如像李浩、陈集益等人，至今都还走在探索先锋的道路上。事实上，几乎在我开始写小说的同时，余华、苏童、格非、马原这些旗帜性的先锋作家，也纷纷回到了现实主义写作的传统队伍里。在我看来，先锋对我的影响，并不在于写作技法上，只是作为一种精神，留存在我的写作中，去探索人的生存本质，去呈现人性迷宫一样的复杂性，同时拒绝流于表象的经验表达，建构自己独特的审美旨趣。

桫椤：除了情感的基调，你的小说中还多有对城市生活的批判和否定，在城乡对立时，乡村一直是被你保护的一方。你的长篇小说《一本正经》中，广州既是陈夕梦想开始的地方，也是梦想破灭的地方；《档案》中，那个成为城里人的堂哥对还在老家的人六亲不认，只担心自己的官运；而《契爷》中，杜志远以及那个开大货车的黎变似乎也处在一个被批判的位置上。《契爷》中的夏凌云对外面的世界怀有强烈的渴望，但却无法完成自己的梦想。你似乎在这些作品中表达着对乡村城市化的疑问？

黄咏梅：这个问题不少评论文章都涉及。在我的小说里，有一部分是传达着对乡村城市化的质疑。正如我们前边说到的，我的乡村经验很空白，仅有的一些生活接触来自我外婆和公公婆婆家，仔细想想，我写乡村更多的可能是为了表达对城市的不满。评论家张柠在一篇论我的小说里提到：“‘怀乡病’已经成为当下都市的一种集中症候。今天，这种病症甚至出现在许多未曾经历乡村生活的年轻人身上，他们的临床症状当然不是对庄稼和大家族的思恋怀念，而是表现为对时代生活的莫名焦虑，甚至对作为都市文化雕刻品的‘自我’的拒斥、厌弃。”我觉得他一语中的。我们一方面看到中国乡村在城市化进程中变得面目全非，另一方面，城市又何尝不是这样？真正的城市贵族精神还没有生成，我们处于一个转型期中，感受是很怪异的，就像没有根的一代，患得患失、精神虚妄，理想被现实挤压得无处藏身，我们看似拥有很多实则什么都没有。在城市我们回望故乡哼出的是一首首挽歌，而在城市仰望星空，每每心里又在酝酿一个个乌托邦式的“逃跑计划”。就是这种无处安放的焦灼，让我对身处的这个时代和城市，有一种难以言说的不安，这种不安同时也是一种时代的病症。在我的写作中，这种不安是让我保持着对生活书写的原动力。

桫椤：从人物设置和故事情节上看，你的小说并不算复杂，但是内在的叙事中，却突入现实生活和人性中的幽微地带，比如《开发区》，“开发区”这个人物敢恨敢爱，有点儿偏执的“愣”，令人既爱又怜；像《鲍鱼师傅》，你把作为农民工的鲍鱼师傅面对城市生活时的那种陌生的隔膜感、胆怯的恐惧感和试图被城市接纳的内心渴求写出来，曲折而又有趣。也正因为如此，阅读你的作品，若非看到结尾，很难猜到人物和故事的结局，我想这也正是魅力所在。

黄咏梅：有论者认为我的大多数小说都有一个开放式的结局，就是没有结局的结局。大概跟我写小说的时候从不预设结局有关吧。我不知道别的小说家在写小说的时候，是不是都有一个明确的故事梗概。我是没有的。很多时候，想写这么一个人，那么这个人就在我的电脑上，主宰着我，自顾自地奔向终点。这可能是我的一个习惯性思维所致，写小说之前，我是往往先有人，再有故事的，所以，在写的过程中，连我自己都不知道，最后一个标点符号会落在哪个地方，故事从开始之后，最终会怎么结束。自私一点儿地说，这是我享受写作的过程，但愿你在阅读中也真的能享受这种不知所终的过程。

桫椤：你的小说的复杂性还有一点儿，与那些带有鲜明的观念性倾向的作品相比，你的写作是“呈现”而不是传导，你笔下的人物是不直接负载社会道德和价值观念的，他们只是作为小说世界里的“人”存在的，他们不是工具性的，他们的价值就在于他们本身。放在同代人的创作中，我想这一点儿也非常值得关注。正如福斯特说过的那样，小说里的人物一出现，他就要按照他自己的逻辑活动，作者不能强加干涉。在这个问题上，你自己怎样看？

黄咏梅：是的，我觉得一部小说里边，再复杂的故事都复杂不过人性，即使作家绞尽脑汁去构建一个迷宫一样的故事，最终还是由人牵引着往下走。余华也曾经说过类似的话，大概意思是说小说里的人物写到一定程度，会逃脱作家的笔，自己飞奔起来。所以说，小说家开始写作的时候，结局永远只会停留在下笔的那些瞬间。我想起网络文学界很流行一个词——“人设”。说实在的，作品里的“人设”过于坚定、清晰，这个人物肯定会写得僵硬、模式化，因为是设计出来的，就像你说的“工具性”。成功的人物塑造一定是复杂的、三言两语没法概括的，就跟生活中的人一样，你永远无法完整地认识一个人。

杪椤：同是“70后”写作者，我们这一代人还是深具历史感的。当社会全面开放之后，历史上那些被附加了阶级、地位、职位身份的人物，在当下都成了普通人，没有例外，这是对历史的消解，或许也可以看作是人本的复苏。所以我们现在再讨论书写普通人是多么大的文学特色已经没有意义了。但是这样一来，也带来另外的问题，就是当真正精神意义上的文学写作变成了一种“坚守”，它或许只对作家自己有意义。面对这个浮躁的、碎片化的时代，伴随着商业利益对文学的侵蚀，你有没有考虑过，我们当下的写作，其价值在哪里？

黄咏梅：我不想说那些关于文学引领人的灵魂之类的高大上的话。从我个体感受来说，写作首先是对作家有意义的，因为热爱就是意义的全部。其次，写作能对他人带来什么？你说文学能创造什么价值，精神产品创造的价值谁能数得出个一二三？我举个例子。我一直很喜欢看《最强大脑》这个电视节目，当我看到那些身怀绝技的人挑战成功了，我的内心会产生一种敬畏和激励。你说，那些比赛认条形码、找图案差异、记电话号码、走迷宫等这样的项目，在生活中有多大用处？可是人家不管，就是热爱，你都难以想象他们平时在家里，疯魔地去练习，就像武侠小说里那些高手一样，他们的目的很单纯，就是希望不断地训练自己的大脑，成就自己某方面的奇特才能，他们在练的时候，根本就想不到有这样一个节目，会出名。这种单纯的迷恋，会形成一种感动和敬畏。我觉得坚守文学也一样，一定会对一部分人产生着诸如我看这个节目时产生的那种敬畏和激励，这大概就是人们常说的“无用之用”吧。

桫椤：我们曾一同参加过对网络文学作品的评鉴。按照有些学者的观点，网络文学将取代“纯文学”成为文学的“主流”。作为一位从诗歌这种高度艺术化的体裁转向来到“纯文学”领域的小说家，你怎样看待“纯文学”和网络文学的关系？你怎样预判未来文学的走向？

黄咏梅：这个问题你更有发言权，你是网络文学研究专家，一直站在网文研究的前沿，我很佩服你能读这么大量的网络文学。我的一点儿粗浅看法是：网络文学和“纯文学”要互相借鉴。从写作上看，网络文学面临重复制造爽点、使用各种雷同的套路而显得疲沓、臃肿，“纯文学”过于僵化的写作模式、腔调，陷入“自恋”“美人迟暮”而面临读者群萎缩，二者应该取长补短，网络文学要提高其审美趣味，在讲好故事之余多关注人的情怀，唤醒粉丝沉睡的审美体验以达到内心深处真正的共鸣，“纯文学”在注重思想性之余，要多增加新鲜的创作手法，摆脱自恋、自语的傲慢，多站在读者的角度构思写作，获取满血复活的能量。从传播来看，“纯文学”也应该与时俱进，除了期刊出版阵地之外，开拓网络传播途径，事实上，现在很多做纯文学的公号已经做得很不错了，我相信，内容为王，好的“纯文学”在网上一定也会吸粉无数的。至于预判未来文学，我没有这个能力，但我坚信一点，哪个时代，哪个世代，高贵的文学都会有它高贵的读者，无此，人类文明就会停步不前。

栣椤：从 2002 年你的小说处女作《路过春天》在《花城》发表，至今已过去十五年了，如今你已经成为当下“70 后”写作中最重要的力量之一。从诗歌转向小说，再以小说阔步文坛，你觉得能给后来者以启发的最重要的经验是什么？

黄咏梅：写作这么多年，我很看重自己对耐心和专注的修炼。阅读、写作乃至生活，耐心的人总会走到柳暗花明那一天，而专注是这个时代越发稀少的品质，世界就像一个手机屏幕，人人都在翻屏浏览，看似神情专注，实际上他们眼里什么也看不见。写作的人，如果眼里什么都看不见的话，就等于一个厨师完全丧失了味觉。你可能会说，做任何事情都需要耐心和专注吧，但写作尤其需要。

对话王小王：我就是每一个人

王小王，女，1979 年生，原名王瑨。中国作协会员。小说、诗歌、评论等发表于《人民文学》《钟山》《花城》《诗刊》《星星》等，出版小说集《第四个苹果》《我们何时能够醒来》《愿人人都有一个悠闲的午后》；主编《新实力华语作家作品十年选（四卷本）》，曾获首届华语青年作家奖·小说主奖、《人民文学》年度短篇小说奖、《广西文学》评论奖、吉林文学奖、储吉旺文学奖·主奖等奖项，曾供职于《作家》杂志、北京出版集团十月文学院。现供职于《当代》杂志。

杪椤：小王老师好！老实说，我期待已久的这次对话是有难度的，因为我们并不是生活中熟悉的朋友，我是通过你的作品来认识你的。当然，《作家》杂志也是我了解你的一个窗口。但也正因为生活中不熟悉，或许我们关于写作的对话才可以更纯粹。你曾说过，作家这个职业最初并不在您的理想选择当中，我想知道，你怎样评价自己到目前为止所走过的文学道路？

王小王：我觉得这是一段曲折的，但是必然的路程。大概因为对父母的叛逆心理，一直到大学毕业后我都没有过走这条路的打算，我有太多自以为灿烂的梦想了。带着对象牙塔外世界的新奇感受，我兴致盎然地尝试过很多工作，但兴奋劲儿过去后，我很快就迷茫了。喧嚣的奔涌沉寂退潮后，沙滩展现在我面前，我清清楚楚地看到了自己内心对文学的渴望。就像爱上一个男人，起初还怀着犹疑，小心翼翼，后来发现你的试探有了回应，原来这男人也爱着你，你便抱定了忠贞之心，决定与他生死相随。如果简单概括，我觉得就是宿命，这是一条命定之路吧。

桫椤：如何处理历史、现实与个人的关系，可能是我们这一代人共同面对的难题。“70后”号称“被遮蔽的一代”，但是在我们内心深处却从来不肯遮蔽自我，而是不断地拷问自我的价值和生命的意义。这代作家的创作总会拖着一条巨大的价值和意义的“尾巴”，这或许是沉重的负担，但更是巨大的财富，这条“尾巴”的存在使我们很少写出那种游戏人生的故事和人物来。在同代作家中及其创作中，很多都在这种“负担”中行进，像李浩的《镜子里的父亲》，徐则臣的《耶路撒冷》，颜歌的《我们的一家》等，这些作品更多地呈现人与历史和现实的博弈。你的创作则与此有些差异，小说集《第四个苹果》里的作品中，现实比历史重要，自我比现实重要，无论那些故事因何而起，最终它们都将指向人物的内心世界。你怎样看待你的写作与历史的关系？

王小王：或许我觉得对于小说来讲，历史只是背景。古往今来，人类没有更智慧，也没有更愚蠢；没有更善良，也没有更邪恶。我们积累了探索世界的经验，但世界永远无法真正被人类破解。我们的疑问与千百年前一样多。当然，很多磅礴的历史事件为我们提供了窥见人性的绝佳视角，但是人性不增不减，它或许隐藏，或许突显，今天与昨天，却并无本质上的不同。小说切进历史，是为了写人；观照现实，也是为了写人，历史与现实的图景都是展现人性的背板，并不能用哪个更重要来评断。这是将历史放在时间的维度上，放在历史时段所呈现的现实质地这一角度去说的。小说回到了时光的某一节点，那就是小说所处的“当下”，是小说要面对的现实，那么一个时间刻度对小说的本质又有什么意义呢？所以我不执着于历史，我的写作量很少，现实带给我的冲击和思考已积攒成堆，我暂时还不能，也不舍得抛开我最熟悉的，而且如此鲜活、日新月异的生活现场，去回溯一段我不熟悉细节且形态相对固定的历史时期。您所提到的李浩的《镜子里的父亲》和徐则臣的《耶路撒冷》，都是我非常喜欢的小说，这两部小说也都因篇幅庞大无法容纳，跟《作家》擦肩而过。颜歌的这个小说我没有读过，但是从她以往的写作来看，相信也是一部佳作。李浩和徐则臣是我非常要好的朋友，在我的创作和编辑工作中都不断地给我帮助和影响。我觉得，不仅是进入历史的作品，包括他们书写当下的小说，都贯穿着他们对历史的思考，隐含着他们的历史观。历史与历史观对小说来说，就像人之衣装与骨骼。你可以在你的创作中回避历史，但不能丢掉历史观。今天是从历史中长出来的，你的历史观决定了你如何看待今天的现实，如何理解你真实接触到的和你虚构出来的每一个人。所有人的身上都带着集体无意识，历史无时无刻不在我们身上显现。

桫椤：你的作品中强调自我意识，这些作品构成了一幅人的精神世界的“成长史”，而童年视角成为重要的启蒙性、工具性方法。《铅球》《请用“霉”字组个词》中，纵然有“我”所见的现实的复杂和人性的幽暗，但其主旨在于叙事主体窥破客体隐秘之后得到的反馈，那是“我”的成长之痛。前者“我”与宋雨冰合二为一，而后者中的“我”在其中则一分为二。这样的写法基于什么考虑？你怎样实现人物、视角和主题在小说中的对应关系？

王小王：我完全无法归纳我是怎么考虑的。您知道，小说，尤其是短篇小说，它的创作动机简直可以说是丰富多彩。就同一个写作者来说，也是这样。他的想法可能跟评论家设想的毫无关系，他甚至根本就不知道自己小说的主题。有的人是先想到了一个好句子，从这个句子发散出一个故事，有的人是想了一个好题目，由题目生长出小说，有的小说出自一个听来的故事，有的是源于一个有意思的人物，或者一个梦……当然也有时是主题先行的，围绕主题安排所有的情节。不乏很多好玩儿的起因，我很愿意了解作品真正的那个起点，它对我自己构思作品有很大帮助。任何种子都可能会结出一个好的小说，但在创作过程中，起因变得不再重要，复杂的构思不断融入进来，小说按它自己的方式，长成了它自己想成为的那个样子。我想说说这两个小说的起点和成长过程，也许可以换个角度回答您。《铅球》最初的那个点，就是我自己对铅球这项运动的恐惧。我长得瘦弱，跑跑跳跳还行，可抛出一个结结实实的大铁球子，对我确实比较难。所以我上学时体育达标铅球总是过不去，总要补考。不只害怕这项运动，我还怕那个球子本身，我觉得自己除了扔不动，也不敢扔，总害怕那东西落在谁的头上。我觉得这种感受很有意思，于是围绕着它开始了写小说。小说进行的过程中，一个“分裂”的想法出现了，当一个女孩子看到自己抛出的铅球真的砸死了她的同学任晶晶，铅球在她的生命中，就有了特殊的沉重，她以忘记当年的那个自己来逃避现实，使自我安慰的方式成为可能。我重新修改了已写过的部分，以把“我”与“我”叙述中的宋雨冰进行一种暗藏的对位，并找到了视角转换的那一刻，也找到了让她们重新合二为一的那一刻。我自己把这个小说的主体放在了后半部，我特别喜欢那个长大后把自己变得跟任晶晶一样胖，并且改名晶晶的“我”——宋雨冰，也喜欢她那个再次拿起铅球的瞬间，我觉得这体现了这个人物深藏的疼痛和真挚的忏悔，表现了她“风骚”外表下的内心纯洁。《请用“霉”字组个词》则源于我母亲的小小洁癖或者说是生活意趣，也或许是出于对家具的珍惜，反正她喜欢在沙发上，桌子上，五斗柜上，都蒙上漂亮的布帘。而我和父亲却觉得甚为麻烦。我知道很多女人都有这样的爱好，但我把这个点放大，放大，脑海中就出现了一个极端化的女人。她把一切东西都罩上罩子，蒙上一层又一层的帘子。我想，如果有这样一个人，那她的这种表现肯定是源于内心的不安全感，源于对自己真实生活的恐惧和掩饰。我给她的生活选取了一个旁观者，我想这个旁观者一定要离她最近，能够窥知她所有的一切，也一定要有着最真实的表达，而且这个离她最近的人又肯定会是造成她悲剧的根源之一，于是一个智障的儿子“我”就突显出来。“我”跟“我”的母亲白素洁纠葛在一起，“我”又是她的“他者”，“我”以特殊的角度讲述了白素洁身心内外的隐秘。尽管“我”是叙述者，但真正的主人公却是白素洁。所以与其说我关注的是成长之痛，不如说是女人之痛。《铅球》中的宋雨冰，《请用“霉”字组个词》里的白素洁，她们在困境中的忧伤、挣扎、坚忍让我疼惜，让我感动，我想在人群中找到她们，并在小说的世界给她们以尊严。

杪椤：我读到你在《第四个苹果》出版之后的几篇作品，发现它们与之前的作品相比出现一些新变化：叙事更圆润，人物的个性更鲜明，也更加讲究叙述格局上的平衡。比如《鸟死不能复生》，这是一篇非常少见的书写驻外维和士兵生活的小说。凌寒与玛萨卡还没开始的爱情让人心动又让人心碎，那样带有传奇性的故事与另外一个令人惊悚的悲剧结局结合在一起，离奇却又表达得很自然，这样的构思很奇特。

王小王：《鸟死不能复生》是应《新世纪周刊》的约稿，

因为不是文学圈的刊物，所以他们对小说篇幅限制很严，最多八千字。我以前的短篇几乎都在一万多字，写这篇小说时发现原来少写两千字是那么难。这要求让我必须考虑故事的布局，我想在自己能达到的字数限制内，尽可能多地容纳我的想法。这个小说我是想借写爱情来写人和人之间那些不能说出的真话，和这世界那些不可知的真相。在这个小说里，“鸟”分别在三个情节中死亡，但“鸟”却都是真相的目击者，“鸟死不能复生”的隐义，其实是在说，真相随着人的死亡而“死亡”了，不可能再重现人间。第一节写一场车祸发生后。车祸现场是一男一女，高崖坠落，怀疑是殉情，女人的丈夫痛不欲生。第二节写了一个维和士兵和当地女孩儿不可能的爱，士兵心里有着复杂的情愫，他想把自己的心向女孩儿完全敞开，告诉她自己的虚伪和怯懦，自己的恐惧和疑惑。可是女孩儿误解了他，并带着这种误解在一只鸟的陪伴下死去了。士兵心里的话也永远地葬送了。第三节写一对夫妻的相互折磨，他们相爱，却因恐惧爱的消失而痛苦。在一只鸟闯入他们生活的时间里，他们经历了试图互相倾诉又始终固执自守的过程，随着小鸟的死去，他们的误解再次加深，彻底在爱人面前封闭了自己。第四节呼应开头，当年的维和士兵、今天的驾校教练与他的女学员，因为感知到了彼此内心的痛苦而互生同情，他们开车去郊区的山上兜风，只是想发泄积攒的苦闷，互相安慰，在女学员开车的时候，一只鸟撞上车窗，这只死掉的鸟让他们同时想起了自己生命中那只带走爱和真相的鸟，在短暂的惊愕中，车子滑向悬崖……

他们死后，人们会猜测无数种他们的死因，但永远不会猜到真相。真相，我真正纠缠的是人内心的真相，人们互相误解着走向死亡，真相几乎从未显现。我把我的这层意图一直藏在叙述的背后，而不想加笔墨把它点出来，我想让它含在故事里，呈现跟生活中的启示一样自然的质地，只向有缘人敞开。这感觉很好，就像是你展示一个盒子里的东西，但你暗暗得意这盒子还有个秘密的夹层。我会尝试慢慢地更好地把握这种方式，学会做更完美的夹层，在里面藏更多的东西。

杪椤：篇幅一短下来，也就更让你不得不注重小说文体本身的问题，要在有限的空间内使语言的功效发挥到最大。在这一点上，可以看到你很在意中短篇小说那些限制性规约。

王小王：我对小说的文体表现确实有“洁癖”，编稿子时也是这样，我比较在意小说结构的逻辑美，有的小说明显呈现出混乱感，故事编得再好也没用。文体意识是小说纯技艺的那部分，不可或缺，丧失掉这部分，写出的东西就跟文学拉开了距离。

杪椤：通过作品可以看出，你是一个对日常生活高度敏感的人。你能够看到现实与人的精神世界存在的隐秘关联，透过这种关联得以呈现当下生活中特殊的伦理关系带给人的影响。你作品中的人物大凡都神经敏感，比如《第四个苹果》中的“我”，《回家》中的秦木木，《秘密》中的“我”；或者程度加深成为精神分裂或心理失常的人，比如《救世主》中的彩霞、《死从心开始》和《倒计时》中的崔姓老人，他们陷于情感或生活的困境，身处与现实世界伦理失和的状态。虽然探讨小说中的客观真实常常没有意义，但是我仍然想知道，是什么启发了你写出这些人？

王小王：我有一个同学，她看完我的小说集，对我说，她觉得自己好像要分裂了，好长时间才缓过来。我问她为什么，她说因为你写的人物都是分裂的。她不是搞文学的，没有任何挤压出的分析和归纳，完全是从一个普通读者的角度说的，是一种纯粹的不加修饰的感觉。我觉得这个感觉很有意思，对我认识自己的写作也很重要。我想可能是我更关注人隐藏在日常表面下的那部分。在与人的接触过程中，你经常会感觉到他是一层一层向你展开的，甚至你会发现，你后来所认识的这个人跟他最初给你的印象，几乎完全是两个不同的人，而且你后来认识的这个人也不一定是真正的他。他也许乐观开朗，但最后死于自杀，他也许看上去风流轻佻，但实际上他为了唯一爱的人终生独身，他也许表面风光无限，可却承受着别人无法想象的痛苦。其实对他人的惊讶是贯穿在我们的生活与人际交往中的，大概就是它太频繁，太平常，所以已经被我们慢慢忽略。不只是他人，我们又何尝了解自己呢？你也经常会为重新认识自己而惊讶，只不过因为这惊讶是你自身的一部分，所以不轻易被感知。我们不可能拥有解释人性的能力，但我们仍无法停止自我了解的好奇与努力。在这个过程中，我们需要互相帮助，需要把自己猜到的、偷窥到的、感知到的那部分秘密分享给他人，并持续从他人那里获得新的认知。人类终其一生，除了延续自身，了解自我是最重要的事。

我在《第四个苹果》里用了三个“我”的视角，通过两个男性的“我”讲述的自我的秘密，逐渐揭示出了女主人公的内心隐秘。她有着良好的出身，上大学之前一直过着规规矩矩的生活，可是她乐于编造自己的苦难经历。她是正常的人，但她也是分裂的，为什么会这样呢？这种幽暗的人性角落或许藏着更多东西，对小说中原罪与所谓社会道德的探讨做出旁证。

现代心理学先驱索伦·克尔凯郭尔说过：“我宁可和传播家丑的老妇交谈，其次是精神病人，最后才是理智非常健全的人们。”我觉得很睿智，直通我心。传播家丑的老妇揭露生活的隐秘，精神病人展示人类心理的曲折幽深，这些东西对小说写作来说更有裨益。我小说里的人物都是虚构的，没有原型，但我觉得生活中的每个人都是我的原型，我想把他们不自知的那部分找出来，告诉他，这就是你自己，同时也告诉我自己，这就是我，我就是每个人。人和人之间那么不同，又那么相同。这世界丰富多彩，千变万化。这世界又如同唯有一人，不同人性存在于每个人的身上。

桫椤：虽然小说没有恒定的标准，但是在观念上我觉得现在与过去还是有了进步。小说应该是经验的产物，而不是先验的，过去的小说常常有一个先验性的前提，是在某种框架之中寻求创造，再好的小说也只是顺着某种前提而来的图解，所以对生活的反映就不可能是真实的。在《寻找梅林》和《我们何时能够醒来》这些作品中，充满了扎实的人生经验，人物的情感故事也令人感动。其实我们谈论现实主义，无论作为一种创作技巧还是一种文学观念，它的核心就是对经验的处理。

王小王：现实主义是什么，是评论家们的问题。对一个写作者来说，他要没有主义才能真正进入小说内部。如果非要有一个主义，可以说所有的好小说都应该追求“人物主义”。我觉得，在写作中贴近人物，不只需要人生经验的实时转换，需要想象力，更需要一种逻辑思维。你可能写的是一天中发生的事情，甚至一个小时内发生的事情，但你对人物的理解要回溯至他出生的那一瞬，他的成长图谱要附和在你心里以现实的逻辑勾勒出来，这样这个人物形象在故事发生的时刻才具有真实性。我说的这种逻辑可能就是你说的人生经验吧，当你对人生的理解不断加深，你对人物的把握力会增强，人物的情感必然会更真实，也更打动人。

杪椤：放远到文学史上看，凡是经典作品，尽管反映的是某个时代，但归根结底是它们抓住了人类生活中那些不变的东西，比如最基本的情感和道德。书写当下，书写变化固然重要，但是我觉得文学创作不应该是应用型的、赶潮流的写作，书写不变的东西才是文学的使命。当下我们所处的时代瞬息万变，物质世界和人类心灵世界严重分离，我也在你的《倒计时》《寻找梅林》《请用“霉”字组一个词》等作品中看到人与世界、人与理想的紧张对立。你觉得在小说创作中，当下的追求与永恒的文学价值之间是一种怎样的关系？

王小王：这我觉得是不是应该分成两部分来看，一部分是

外在形式，一部分是小说内质。就像流行与美。外在的才涉及您说的赶潮流，就是流行的东西，是讨巧的东西，是能带来即时效应的东西，这肯定不是可取的、负责任的文学态度，可以说，它不是真正的文学。而小说内在的东西就是恒远的美，它是坚定的，不可动摇的。如果你在这美的基础上去写变化、写当下、写潮流对人的影响，这仍是小说内质的那部分，甚至是必不可少的文学主题，当然，它最终的指向仍是不变的东西。我在几个小说里都在表达人与人之间的误解，表达人类在误解中的相互理解，以及世界在误读中的流转。我知道我们的对话也是在一种彼此不断推进的误解、误读中进行的，我不知道我所理解的是不是你真正想说的话，但就我的“误解”来讲，我认为，真正的文学创作，不应有所谓当下的追求，它唯有指向永恒。

杪椤：其实你写小说挺“狠”的，常常把人物推到矛盾的顶点，所以我读的时候不由自主地会生出“接下来怎么办”的担忧，但是你总是那样出其不意地把矛盾解决掉。比如《回家》中，木木和程影见面的情节，甚至他们居然同居一室。小说写到这里就很让人担心，但这正是小说的力量和魅力所在，人物在极度对立的冲突中获得了自我转变的契机。如此强烈的故事性却又在最后完全超出故事本身的逻辑，实现故事在达意上的飞跃。

王小王：“狠”往往是为了达到真正的柔情。你必须要在写作时随时调整你与你的人物之间的距离和关系。如果一直太近，太紧密，是“狠”不起来的，总想让他过平静美好的生活；

如果总是远，疏离的，旁观的，又无法真正进入人物的内心，无法建立真实。你需要适时将自己从人物中抽离出来，硬着心肠把他逼入绝境。这是使小说置之死地而后生的隘口，人物在这个绝境中开始我与我，我与他，我与世界的战斗，其中最重要的，仍是自我的挣扎。在此过程中，人物充分自我打开，人性冲突的细节得以被窥探。对于小说的写作者来说，这是对小说人物特殊的爱。这来自对人物的理解，来自对人物的懂，以及对其灵魂隐痛的真正疼惜。我期待我能写得更“狠”，我觉得，您的问题也给我提出了一个更清晰的目标。

杪椤：在故事中，您非常重视日常经验；在叙事上，你又特别讲究技巧，尤其重视对感觉的表达，相对应地表现为对历史整体性的消解，你总是抓住现实生活中的某个微小的缝隙，由此进入人性深处，从而生发出文本本身的意义和价值，甚至这个转化过程令故事带有夸张和荒诞性。这似乎与先锋文学是一脉相承的。先锋文学已成为一个历史名词，它几乎影响过所有“70后”作家，我觉得你也不例外。而文学总是现实的对应物，其中蕴含着批判，也蕴含着理想，或者是某种呈现。而文学又无不是时间和空间的产物，在你的写作中，空间的感觉是逼仄的，它们就是当下生活的现场。在这种逼仄的日常空间中，人所流露的才是本性。可能当下的现实也不是我们想要的理想生活，你的创作也就是一种批判性的选择。说到现实的空间，我好奇的是，我没有看到你有关“地域”的叙事，甚至连实际的地名都非常少见，好像只有《回家》中提到过广州，而且还与故事本身没有什么关系。你是刻意回避客观现实的环境吗？你怎样考虑你所生活的城市或者叫作地域对你写作的影响？

王小王：是的，我自己也意识到这个问题。有时我想在小说里安一个地名，可觉得这故事可以发生在中国的几乎所有城市里，那就没有必要给它一个地域了，干脆就不写。我们这一代的生活图景与上一辈作家相比，发生了巨大的变化，城市与乡村的边界模糊了，城市与城市之间更是像孪生兄弟一样相像。地域给人的生活带来的影响越来越小，无论在南方还是在北方，你都可以一边吃着粤菜一边听二人转。我感受不到地域对生活本质上的影响，所以我也无法体会地域在小说中对我的人物会有何影响，我不能强加给他们一个地理名词。我不是刻意回避客观现实的环境，因为在我的感受中，无地域生活，就是我的客观现实。所以我反思过这个问题，可能生活方式的趋同化会慢慢抹杀地域文化的专有性、独特性，文学借助真实的地方特色来为自己增加特点的方式将越来越不适用，更多放之四海而皆准的东西成为生活与小说共同的背景，这是我，或者说我们这一代写作者遭遇的难题，我们需要完全靠别的，而不是地方特色，来增加我们作品的辨识度，并建立小说人物的真实感。但即使这样，我还是觉得成长与生活之地对我肯定有着非常大的影响，只是这影响多是深入骨髓的，不外露，但塑造我。它在我内部，于是我也努力把这种影响渗入我小说人物的内部，使他们合二为一，让这影响变成人物性格，或者人格的一部分。当我生活中的视野更加开阔，开阔到超出已经同质化的这个范围，我相信我对地域的感知会重新浮现，也许就会写出一些有明显地理特征的人物和故事来。

杪椤：还是在《回家》中，你说："我突然感到，上帝也许就是女的，只有女人才能安排这样的恶作剧。"而在《死从心开始》这个小说的结尾，"我"和张成楠在新婚之夜有几句对话，"我"问："如果有一天我背叛了你，你会不会将一把刀插进我的心脏？"张成楠回答："会的。"然后你写道："我所有的恐惧终于消散，内心感到一种踏实的幸福。"这个结尾把对人的不安全感的表达上升到了一种哲学高度，"爱比死亡更重要"的感觉常常发自于女性。综合你小说中的这些人物，她们的自我身份，她们对待生活的敏感，性别倾向很明显。作为女性作家，性别对你自身的创作有没有什么影响？

王小王：我前一段看到一个演讲，一位认知神经心理学家讲到男女思考问题的角度、方式存在差异是由不同的大脑结构决定的。女作家也是女人，那么由于大脑结构不同所造成的思维模式的不同，肯定也会体现在两性创作中。女性确实有着迂回的、进入细枝末节的强大感受力，所以男人觉得女人自我折磨，而女人觉得男人不在乎自己。这种强大的感受力在小说写作中，是解析人物的法宝，会将人性隐秘处的东西一勺勺地都挖出来。我有时候读女作家的东西，也觉得浑身发冷，感叹她们对人心的精准勘测。而男性作家的思考是纵深的，在女作家铺展绵延的时候，他们却直截了当地锥进去，刺进问题的根底。对一个女性写作者来说，我特别羡慕这种男人思考的深度，如果真是大脑结构决定的，那怎么学也学不来，这个比较让人绝望。但是我也不想放弃女性思维的精微，这是文学的另一种存在。也就是说，如果你将这个世界看成是一个男人为主体的世界，以男性的视角来审视女性创作，那么女性作家由于大脑结构不同，创作角度必然有所不同，女作家的创作也就必然呈现与男性写作不一样的异质，也许会被冠以“女性写作”。但如果你用人的视角，不是男人，也不是女人，只是“人”，那么你会发现女性写作与男性写作并没有什么不同，只是各有特点，但本质上，都是在写“人”的困境。

桫椤：离开你的文本，我想请教你关于当下文学的宏观问题。当下的社会生活呈现一种碎片化和离散化的状态，没有统一性可能是最大的统一性。我们已经很难再像新时期以前的作家那样依据某种意识形态来处理社会经验了，这无疑增加了创作的难度，但同样也是作家的福音。你认为呢？

王小王：是啊，我同意您的看法，任何转折和变化的节点都为文学提供机遇和困难。正是因为社会生活的不断变化，文学才总是新的。我在自己的创作中也感受到这种机遇和困难，我觉得有太多素材蜂拥而至，在兴奋的同时也的确发现自己找不到处理这些新东西的可以学习的太多经验。这是多么好的一件事情啊——你可以是崭新的。

桫椤：文学到了网络时代，出现了与过去完全不同的生态，文本形态上也发生了一些变化。你做杂志编辑工作多年，身在文学现场之中，对这些变化感受可能更强烈，谈谈你的看法。

另外，你觉得文学发展的趋势会是什么？

王小王：我都不知道我未来的创作趋势是什么，绝对不敢妄言文学的发展趋势。如果您说的是文学的外在形式，我觉得互联网已经来过一次了，网络小说铺天盖地，红得发紫，但文学还是那个文学，现在手机终端又来了，无论怎么吵嚷着改变阅读方式，我相信文学也还会是那个文学。可能正因为身在文学的场域里，我反而感受不到网络文学、手机文学的冲击，我们内心对文学的标准从来没有变过，文学最本质的东西从来没有变过，今后也不会变。20 世纪 80 年代的文学热是禁锢后的饥渴遭遇食粮后的饕餮，那是人的狂热，不是文学的。现在世界越来越开放，对文学的狂热不太可能再发生，它也不应该再发生，无论载体怎么改变，怎么涌现热潮，文学都该是一副不冷不热的样子，平静而强大。当然对于文学期刊来说，确实面临严峻的生存考验，现在很多杂志都已经做了微信公众号，用手机终端配合纸刊来传播文学作品。跟你原来用纸笔写作，现在用电脑写作是一个道理,这是科技的变化,是生活方式的变化,这种变化是没有必要沮丧或抵制的，只需要顺应它就好。

杪椤：你对当下青年的小说创作有什么看法？

王小王：2010 年的时候，我和几个编辑朋友一起做了一套选本《新实力华语作家作品十年选》，几乎都是 20 世纪 70 年代出生的编辑，选的也几乎都是“70 后”“80 后”作家的小说。在选编过程中，我们互相交流，推荐给彼此自己认为好的小说和作家。这种补充让我们都突然发现，原来我们的同代作家中有那么多的优秀者。其中有很多人不将写作当成主业，写得很少，没有引起广泛的重视，但这并不意味着他们没有实力和潜力。这几年，“70后”“80后”作家的创作整体上更加成熟，进入了一个良好的文学发展周期，我相信我们会有更好的表现。

杪椤：你本身是一位优秀的小说家，但是又多年从事文学期刊编辑工作，这二者之间有没有一个“小我”与“大我”的矛盾？我知道文学编辑是一个为文学、为作家奉献的岗位，《繁花》的作者金宇澄老师青年时期小说就写得非常棒，我曾听他讲，他后来就是为了编辑而暂时放下了自己的创作，我想作家都要向包括金宇澄老师和你在内的“作家和文学编辑家”们致敬。身处编辑工作和个人的文学创作之间的“矛盾”中，谈谈你的切身感受吧！

王小王：如果从对时间的分配和争夺上来看，任何两件同时在做的事都会有矛盾存在。做编辑自然占用了我绝大多数的时间，审稿、选稿、编稿，跟作者交流，写评论，处理日常事务，搞文学活动……我每一篇小说的写作过程都被切割成段，工作忙起来的时候，心里揣着一个没完成的时刻搅扰你的小说，表达的欲望常常刚刚敞开就被压抑住，难免会感到一些焦灼。但无法说哪个就是“大我”，哪个涉及“小我”，至少到目前为止，这两者对我同等重要，而且它们很好地形成了互补，相辅相成了。文学编辑工作给了我太多的滋养，首先这工作逼迫你要自觉地通过学习去自我提升，同时持续的大量的审稿也是一个被动的学习过程。有一个写散文的朋友对我说，她不敢看不好的东西，怕看多了把自己的写作带偏带坏。她很同情我每天要看那么多烂稿子。我跟她说，很奇怪，我眼里没有“烂稿子”，有也是极少那部分故意败坏以博得眼球的作品，认认真真创作的东西，无论多么不好，我只认为它们是有缺陷的东西，虽然有的欠缺很多，但既然它们不是“烂”的，就必然有好的那部分存在。我总是能从有缺陷的作品里学到各种各样的东西，也可以学习到如何避免或弥补这些缺陷。而看到好的作品更是直接的学习过程，我经常会在办公室读稿子读到入迷，一坐几个小时一动不动，完全沉浸在阅读中，等抬起头来满脸泪水，不知身在何处。审稿的经验极大地补益了我的创作，反过来写作也让我更好地进行编辑工作。因为写作的经验让我更理解写作者，更理解他的意图，我可以更准确地评价作品，并且更好地与我的作者沟通。

做编辑肯定是需要奉献精神的，但它不仅是奉献，也是一种收获，它是“舍—得”。

对话张好好：用写作修正生命的轨迹

张好好，本名张浩。1975 年生于新疆阿勒泰布尔津县，祖籍山东烟台牟平，毕业于新疆大学。鲁迅文学院第九届高研班学员，武汉市作家协会会员，中国作家协会会员。自 2001 年以来，在《人民文学》《上海文学》《芳草》《作家》《中国作家》《大家》《莽原》《诗刊》《山花》《西部》等文学期刊发表作品多部，出版诗集《布尔以津》《喀纳斯》，长篇小说《布尔津的怀抱》《布尔津光谱》，散文集《五块钱的月亮》《最是暖老温贫》《宅女的宅猫》等。曾获 2006 第三届上海文学征文新人奖、2010 第二届汉语诗歌双年十佳奖、2010 第三届新疆青年文学奖、2011 第十四届《小说月报》百花奖优秀责任编辑奖等。2012 年长篇小说《布尔津光谱》获中国作家协会重点作品扶持。

杪椤: 你发表在《人民文学》上的小说《布尔津光谱》被《长篇小说选刊》选载，这在“纯文学”写作中也是一种被肯定的方式。写作常常是耗损生命的事业，甚至有作家认为写作就是生命本身，你怎样评价从写作开始到现在的成就？这等于是总结自己前半段的写作生涯了。

张好好: 我从来不敢评价自己。因为评价意味着否定。我其实是否定自己的文学创作方式的。我不会编故事。好的小说家最起码具备的素质就是要会编故事。可是我不会。我勤勤恳恳地书写着自我的生命感受。适合散文的就用散文，适合小说的就用小说，适合诗歌的就用诗歌。不刻意追求形式，只漫随如水的文字自然形成的形态，用一种适合这种形态的体裁把它盛起来。我不敢评价自己，另一个原因是其实我又是那么犟地做着自己。犟，意味着我盲目于自身，看不见甚至不愿突破自己的局限性。不会编故事我就不编。不喜欢市井审美小说，就永不靠近。我是多么喜爱这样的自己，但是这一定意味着我有多孤僻，是在阁楼上写作的人。那么它的价值何在？我们都不愿意做“不环保”的人。如果我们用大量的抒情和太阳下无新鲜事的故事给这个世界创造霾，如果我们贪图虚荣购买纸张出版图书，损耗掉千万棵大树，我们必然是有罪的人。幸好，我从这个角度对自己做了评价，发现我对这个世界是有益的。我愿意做一只益虫。一只萤火虫，用微小的光照亮我的朋友，我身边的人，我照顾的流浪猫狗，我帮助的深山里的孤儿，我所从事的文学编辑工作。因为我有爱和善良，我甚至是一个母爱泛滥者。“爱”推动着我去“写”，做一个真实的那个自己，不做攀附文学季候风者。“你是那一个，不是那一群中的一个。”我的朋友这样评价我。我为此而高兴。很庆幸的是，我衣食无忧，这个前提使得我能比较贵族气地悠然写作，写“自己的作品”，而不是社会作品。这并不是说我没有社会使命感。我恰恰具有强烈的使命感。我觉得我坚守住了心中的暖和爱，人类总体的美好品质就多一分。我自2001年开始写作。那时候女儿1岁。写作对我的一生是灾难的开始，也是福星高照的必然。我从没有总结过我这十四年的写作生涯如何如何。我唯一做的总结是，我的女儿从来没有抱怨过我一句。她用笑靥如花的童年、少年面庞回应我。我感谢她的善良。《布尔津光谱》被《长篇小说选刊》转载，主编顾建明在扉页上说，希望大家理解本期作家的良苦用心……看见这句话我几乎潸然泪下。是的，谁又能理解一个果真不会虚构故事的文字写作者执守的向美向善之心呢。写作和生命的关系，我想，是写作在修正着生命的轨迹。它时刻检索着我的偏差。当我怨恨，当我抑郁，当我苍凉，当我失守，是文学检查出我的生命黑洞，它告诉我，请一键修复。于是我的生命和文学编成了一个美丽的麻花，我的生命也因此而美丽无比。

杪椤：一上来就让你给自己下结论，很不厚道。但是读你的小说，却也会感到有一种表面上风光无限，而内在之中却“危险不断”的矛盾力量，这似乎也是一种“不厚道”。你常常在叙事过程中扩大温暖，或者化冷为暖，我看到太多的温度和曼妙的意境，凭我对你的了解，这不是矫饰，而是你看待世界的方式，这反倒是你的真诚。

张好好：我们可以把世界想得很坏很坏，比如我觉得长江已死，这太可怕了。我们也可以把世界想得很好很好。比如我去长江边的芦苇荡里走了走，我又几乎要落泪了，我觉得这片大地为何如此爱我！我们可以把一个人想得很坏很坏，也可以把一个人想得很好很好。在明白了这两极的思维之后，我愿意把世界和人都朝好里想，否则就是对世界和人的不公正。我在新年里完成的中篇《枝叶摇晃》，善和暖激烈荡漾，冷和恶深藏峡谷，令人读来倒吸一口凉气。我想我一定不是在矫情地刻意制造这样一种氛围，以使得这篇小说与众不同。我是一个身无技巧的人。但这是不是又体现了我身怀绝技？我愿意这样自信地理解自己。

杪椤：这种对世界的温暖抚摸和慰藉，肯定也与你的性别有关。尽管你在生活中抗压能力强，待人接物也颇有“女汉子”的豪爽气，但是谁又能说这就是你的本来面目呢？你在一篇叫作《艾蒿》的文章中说，“艾蒿也是一种声音”，完全泄露了你对生活的敏感，其实你本性中的善、性格中的柔，也都对你的创作有影响。你自己怎么看？

张好好：我觉得人最重要的优点是，要心怀侠义。这个时代不需要一个侠客飞檐走壁替天行道，这个时代的侠义更是万丈红尘中的那一点儿缠绵的暖意。缠绵不一定非要用在爱情上。我说我和你这么多年的友谊就可以有那么点儿缠绵的意思。

还有我的同事龙娜娜，我们也可以有那么点儿缠绵的意思。我的发小玉慧，也是缠绵的。是看对了人之后心骨里坚守的不离不弃。我和人交往，喜欢开怀大笑，而且心直口快，所以略显豪爽。我喜欢生活中温暖蕴生。世界可以很坏，也可以很好。天气可以阴霾也终有放晴的那一日。我的另一面是极度的安静和规律性。我不是一个社会人。虽然我生活在社会中。一天中的二十个小时我活在完全的自我中。读书，写字，想念，照顾猫狗，清洁生活，我几乎是有洁癖的，每一时间做什么事，家中的大小物品的归置，必须井然有序，我的大脑才会清晰运转。在这二十个小时里我柔软如孩子，敏感到喜欢落泪。我也会因想起一件事大笑，有时候也会抑郁，静静躺着，等待必然的抑郁慢慢消逝。我不知道这样的生命状态和我们要探讨的文学这高大上的话题能否并列排置。但是这就是我的文学背后的真实生命，它是一口沉默的井，古井无波。

杪椤：做理论的人大概都有点儿理性的冷酷，反而更容易被作品中的温暖所打动，而不是生活中的。你的作品之所以能够让我看重，我想“传递温暖的力量”的确是重要因素。温暖不是“发嗲”，一个优秀的写作者，一定是一个自持的人，叙事之中要有节制的意念，“隐忍”在作品中也是非常重要的。开头你说你是一个“母爱泛滥者”，写作之中千万不要。所以我看到了你在创作和生活中的不同表现。在创作中，你努力掩饰生活中的苦难、凶险和各种的不完满，将世界表达为布尔津灿烂的花海，我看到美好，看到安静，就像小凤仙和爽春、爽秋们的生活，她们的命运艰辛，但是她们却时时感受到生活中的快乐和希望。而在生活中，你收藏起内心的敏感和柔弱，以一副豪放的姿态应对世界的复杂性。你看，你在创作中与在生活中基本上是一个反转的状态，这表示了什么？

张好好：嗯。是我太复杂了。不是世界太复杂了。或者说我太懂得世界的复杂而用属于我自己的方法将世界化繁为简了。四十岁之前我可以说生命是苦难的凶险的不完满的，甚至是虚伪的。但是四十岁后，我必然强大了，我觉得世界就是美如花海的。所以我觉得关键词在于你是否强大。世界最美丽的风景只留给强大的人去观看。当我强大，我在创作中将生活中的故事磁场轻松调制，这不是正证明了我的强大吗？

杪椤：除了性别意识，你对家乡布尔津情有独钟，作品几乎都是对家乡的书写，从《布尔津怀抱》到《布尔津光谱》，再到你去年出版的随笔集里的文章，你的文学地理学里几乎只有“布尔津”这一个地名。“70后”作家乡愁情结浓重，你也是一例。你是想把布尔津打造成“高密东北乡”这样的文学地名吗？但愿你不会有这种实用主义的想法存在。

张好好：我说过我不是社会人。这意味着我不跟风不投机不打造。我的布尔津，它是我的，就如同是我的爱人，与我血肉混为一体，我无法不啰唆地写到布尔津的哪怕是一枝艾蒿。命运对我实在太好，我已经完全不用实用主义四字来搅扰我的文学创作了。我活着，我行走，我思考，我看见的事物、生活和人。我如果爱他们，我就写下他们。就这么简单。

杪椤：关于地域对文学的影响，陈忠实先生有一个非常好的总结，原文记不大清了，大意是说作家笔下的人物性格，一定要与他所处的地域文化特质相符，他们要呈现出与地域文化紧密相关的文化心理结构，这样的人物在文学上才是真实的，也才能立得住。最近我读到陕西作家红柯的《少女萨吾尔登》，在文化与人物性格的关系上处理得也非常好。我看到你的小说中的人物也是这样,《布尔津光谱》的大背景是开发新疆的史实，这就是小说中人物生活的历史语境，而你本身也是一个援疆人的后代，你怎样看待地域和那段历史对你的创作，或者说对你生命的影响?

张好好：我的父亲去世十五年了。今日的我一寻思，觉得父亲在青年时代只身一人从山东牟平一个小村庄向西北进发，来到了布尔津，就是为了我的这一生被文学的福怀拥抱。我出生在布尔津，眼睛一睁开就看见了大河、牛羊、青草、鲜花，做木匠的父亲，做裁缝的母亲，美丽骄傲的小姐姐，还有邻居漂亮的哈萨克小伙伴，屋檐上行走的猫，院子里狂吠的狗。我们出生就坐在哈萨克老乡擀制的羊毛毡上。我们吃邻居哈萨克阿姨油炸的包尔萨克，吃馕坑烤制的金黄的馕。我们吃山上的牧民送下来的酥油奶酪和奶豆腐。逢年过节我们吃大锅炖的牛羊肉。我们知道清真的礼节。忌讳哈萨克老乡们忌讳的一切。我们和他们，从来就是相亲相爱的一家人。这是怎样的一种生命影响？！它意味着我们从小就没有一颗“分别”的心。这意味着我们内心的柔软度和爱的广博度，要大很多很多。我感谢布尔津大地，感谢哈萨克老乡们，是他们给予我一种完全不同的生命情感。若善美本性丢弃，生而为人的快乐将无处寻觅。文学最终的使命是要我们懂得追求并坚守高贵和快乐。

杪椤：这也是你作品中一个隐含的价值，关注不同族群之间文化的差异和融合。前几年诺贝尔文学奖获得者中，帕慕克、莱辛、奈保尔等，很多人都有跨文化生活的经历，正是多样性保证了人类文明的丰富多彩。你怎样看待你的“异乡人”身份？

张好好：我既不是布尔津的异乡人，也不是那十年北京的异乡人，亦不是今日武汉的异乡人。我走到哪里都能够听见大地善良的心跳声和旋转舞蹈的节拍声。我走到哪里，看见庇寒士的屋顶让我不受冷挨饿，我便感谢这片土地——我必然到来的此地。我怎么能是异乡人呢？我爱命运安排的每一条道路、每一个地方。命运说，坐下来，写吧。此地。此在。

杪椤：你非常重视历史经验和人生经验，因而你的创作绝大多数是回忆性书写，这也导致你的创作离当下的生活现场较远。你是不屑于像余华《第七天》那样将社会事件直接运用为小说的素材吗？谈谈你的看法。

张好好：当下的生活现场？其实无论是逝去的还是当下的，我们应该看重的不是时间的刻度问题，而是什么是有经典光芒的。无论是追忆，还是把握当下，经典的光芒闪现，就用文字留下它们吧。这样的它们必将生命力强大。将社会事件运用到小说中，我没有不屑于或者屑于的态度。我只看重我生命的弦是否被他拨动。若拨动，我就坐下来写。但我也许会用非虚构方式来写作，而不是一定要用小说的形式。赛珍珠的《大地》里就散逸着非虚构独有的切切之心和客观性。非虚构令我更真诚。真诚是文学写作的重要美德和前提。

杪椤：你是一个爱猫的人，我在你的随笔和小说中多次看到猫的出现。在《布尔津光谱》中，猫被作为一个人物的化身，但同时又具有猫的习性。猫这个形象直接改变了小说的叙事高度，让很本分的现实主义变得有了魔幻的味道。你把这种虚幻与实在结合起来，没有什么顾虑吗？引入猫的形象肯定不是偶发事件，说说你的初衷。

张好好：《布尔津光谱》中的大灰猫完全真实地存在过。《布尔津光谱》中最小早夭的男孩也完全真实地存在过。在我的心里，它们比真实还真实。我没有使用什么刻意的技巧去达致小说“魔幻化”。我觉得生活比文学本身更魔幻。我只是把故事原型中魔幻的线索和巧合找到了，并忠实地表达出来而已。猫是我的生命长河里不离不弃陪伴我左右的小动物。从小就养猫爱猫。养护小动物有利于人心性的培养。可是有多少人懂得这个道理呢？这个世界我很爱，但是人类的世界确实是令人失望的。猫的独立、率真、勇敢、信赖、善良，这些品质，在我的文字里如一道艳丽的阳光，照亮了多少悲苦失意！早夭的小男孩的灵魂因为有大灰猫而找到好朋友，是一件多么值得慰藉的事情啊。光谱里的温暖，来自可爱的小生灵。光谱里的人物的温暖，来自他们清灵没有贪婪的欲望。贺绍俊先生说，《布尔津光谱》是中国亡灵小说中最干净最美的一个。他的话至今令我温暖。

桫椤：我说了好几次“温暖”，这样重复不是刻意突出，而是你的作品中与生俱来的底色。你曾经有一本随笔集出版，名字叫作《最是暖老温贫》，单凭这一个题目，就看到你面对生活时的悲悯。你还曾经是一个诗人，也有诗集出版。就我所了解的，写诗的人可以写小说，但是写小说的人要想写诗很难，因为两种文体的创作基本是在两条路上跑车。也许正因为你能写诗，所以你的小说中才充满诗意。作为一个“三栖明星”，你怎样理解这三种体裁之间的关系？

张好好：我的血液和灵魂的气质太敏感，太多愁，有时又欢喜充盈。这大约就是诗人能够成为诗人的异于常人的地方吧。然而我还有另一面，我的非常冷静和现实的一面。它甚至是一种带有预言性质的冷静。所以我能在今日的酒歌里看见明日的悲伤，在今日的悲伤中看见明日的圆满。于是，桫椤，你说我的小说有时在编造一个巨大的谎言。这不是谎言，是预见。这样就准确了。但是我也有很安静的时候，这时候最合宜写散文。点点滴滴，用我特有的柔情写下来。我是个随遇而安的人。对写作没有规划没有雄心勃勃爬上某巅峰的斗士的姿态。所以小说、诗歌、散文，当我开始写，它是什么，就随它去好了。我不是一个文学道路上的斗士，但是我是反抗人类灰暗的斗士。我希望他们没有“分别”心，去爱天下的生灵吧。不要身陷嘴和心的欲望，饕餮美好的事物。什么叫无用什么叫有用？并不是什么都是用来吃的。在这一点上，我要做永远的斗士。

杪椤：“反抗人类灰暗的斗士”，令我再一次看到你与现实的不苟同、不屈从，甚至也不并行。一个作家，首先是一个“现实价值的反对者”，当然我所说的“价值”指的是那些庸俗的、已经固化为人类顽疾的东西。但是我在日常的阅读中看到了太多的“媚俗”——说“媚俗”其实都是一种表扬了，有些写作根本就是对庸常的“投降”。你说“不是一个文学道路上的斗士”，其实真正意义上的文学恰恰应当要“反抗人类的灰暗”。毫无疑问，做自己是艰难的，但是趋利避害又是人的本能，你还说你“不投机不跟风”，但是你当真没有过面对流俗时退缩的想法吗，比如太艰难的时候？

张好好：我最艰难的时候正是我文学起步的时候。为了生存下去，且不远离文学的气场，我选择了做图书编辑，并考取了出版中级资格证书。这对于我是顶顶骄傲的一件事。文学是云上的日子，出版工作是我用双手和汗水在社会上立足的根本。当现实环境不是那么残酷的时候，我当然不用投机和跟风。当现实环境确实很残酷的时候，我的性格使然，我无法去写不是心灵源泉里涌现出的东西。一开始，寂寞是苦的，是令人不安的，十年后，寂寞是禅意盎然的一朵花。我很高兴，十四年后转身看去，也曾哭天抹泪霜满身的我，毕竟遇见了好的命运、对的人、勇敢的自己。

杪椤：不同的文体只不过是“爱天下生灵”的方式，这样的说法已经足够调和文体差异了。再回到小说，中国现代小说一直延续的是西方的传统，反倒是通俗小说更有中国传统古典小说的影子。当中国小说讲故事的时候，西方小说开始进行消解故事的实验；而当我们开始尝试消解故事时，西方小说似乎又有一种回归传统的趋势，看来我们是“一步赶不上步步赶不上”，我们或许就缺一种“以不变应万变”的恒久坚持。《布尔津光谱》中的故事性也不那么强烈，作品没有建立在一个完整的、能够强烈吸引人的故事上，怎么看待故事与小说的关系？

张好好：有外国文学批评家说，中国的小说里更多的是故事，而非文学。三个关键词：小说、故事、文学。我不是自负地说我虽然没有强烈的故事，但是我有文学。我是想说，诸君下笔万言，请有所追求。追求什么呢？人类精神的高贵、婉约。小说里一定要有一个故事。但是仁者见仁智者见智。我看见了一部作品中的故事，那么机巧可爱得如猫蹲踞，可是有的人看不见。那么，我们一定要为这大部分的只能看见“堂堂故事”的人去写故事吗？不！於可训先生在评价我的《布尔津光谱》时说道，中国二十年的故事梦魇时代该结束了。

杪椤：这是一个最好的时代，也是一个最“坏”的时代。“坏”表现在文学上，就是“假”的泛滥。“假”到什么程度？一个人的小说或者诗歌，没有任何关于他的年龄民族、生活背景、成长历程甚至家庭和职业的元素，就那样在文章中编故事、编段子、凑字数，那样的伪写作、伪抒情，各种的伪令人沮丧，写作者完全用戴着假面具的方式与读者见面。但是“雪里埋不住秘密”，总有雪化的那一天。在你的作品中，我看到了难得的真，希望你一直“真”下去，这也是你应该自负的文学责任。

作家如果还算是一种职业的话，作品就是它的“王道”。你近期有什么可以“剧透”一下的创作计划吗？

张好好：去年年中，到今天，大半年的时光里，我除了完成几个中篇、短篇和大组的诗歌之外，持之以恒所做的一件事，是研究中国古代诗歌。目前已完成八万字，书名叫《那么古老那么美——上古时候人们这样说话》。我打算写到十万字。在古诗中，人类精神的高贵，言语的高贵，都彰显着，保留着，我返身进入，无比荣幸地与他们团团坐在一起对语。所以不要急于做故事精彩的小说，我们不能丢弃的是一颗个人的高贵的心。

对话张楚：我刚刚度过了虚无主义阶段

张楚，1974年生。在《收获》《人民文学》《十月》等杂志发表过小说，出版小说集《樱桃记》《七根孔雀羽毛》《夜是怎样黑下来的》《野象小姐》《在云落》《梵高的火柴》，随笔集《秘密呼喊自己的名字》。曾获《人民文学》短篇小说奖、《中国作家》“大红鹰文学奖”“林斤澜短篇小说奖”、《北京文学》奖、《十月》青年作家奖、鲁迅文学奖、《小说月报》百花奖、孙犁文学奖、《作家》金短篇奖、《小说选刊》奖。

杪椤：我们从你对域外的观察开始吧！你曾经去美国一趟，旅行对一个作家来说很有用，那趟旅行中有没有什么跟文学有关的新鲜事？

张楚：2016年我们应美国杜克大学邀请做了一次文学之旅。对我个人而言，这次去美国时最有趣的事情跟文学无关，而是跟入境有关。那个严肃的入境官审查了我的护照后，又看了我的邀请函，然后说时间是 5 月 1 日到 5 月 31 日，你为什么现在才来？我有点儿发蒙，解释说这是学校的安排。后来警察把我带到滞留室，叫我等候说明。滞留室里基本上都是黄种人和黑人，白人很少。我的另外两位同学也被请进来——我们所有学生用的都是同一个邀请函，但是别人都没有事情。最有意思的是，同学 A 和 B 是在一个窗口顺次办理手续，同一个执法人员让 A 入了关，却把 B 带进来。由此可见，美国人其实是很粗心的。我们在滞留室大概待了两个小时，手机也被强制关机，只能默默等待。这无聊的时间里，幸亏随身携带了福克纳的《八月之光》。等老师找到我时，我已经读了六十多页。其实当时想，大不了再坐十三个小时的飞机回国好了，哈哈，真是这么想的。因为我们三个滞留的原因，飞往波士顿的飞机被迫改签，直到晚上十点才到宾馆。真实的美国跟我们在电视里、电影里看到的美国似乎不太一样。

不过后面的旅程还是很开心的，在波士顿跟哈金先生做了深度访谈，后来又在丹佛拜访了刘再复先生和李泽厚先生。刘再复先生很健谈，我们在他硕大的草坪庭院里聊了半天文学。他说，在当代社会，美一直在颓败；中国人只有此岸世界，没有彼岸世界；孔子是团面，可以随便捏；手段比目的更重要。他还强调高行健对这个世界的态度：要冷观世界，不要拥抱世界。当时李泽厚先生都八十六岁了，清癯英朗，不太爱说话。他们家打扫得非常干净，有一面墙壁上全是他夫人的照片。我们还参观了梭罗的瓦尔登湖、艾默生故居和马克·吐温故居。在旧金山参观了“城市之光”书店（垮掉派的大本营）。这样从东海岸的波士顿途经纽约、丹佛、拉斯维加斯再到西海岸的旧金山，一路颠簸一路行。对了，我还特意看了看纽约中央公园最北面的那个湖——它在《麦田里的守望者》中出现过。我个人觉得，美国作家对我们这一代中国作家的影响太大了。我个人最向往的是去趟福克纳故居，不过因为经费问题改了路线没能如愿。我特别想在他房子外面的台阶上坐会儿。

桫椤：看来作家与普通游客的确不同，作家能在陌生的地方生发出特殊的感受，也许这些体验就能出现在你未来的作品中。在同代人中，你算得上是个对中短篇小说创作矢志不渝、不离不弃的作家。从一个作家成长的角度——虽然你已经功成名就，你认为中短篇小说是一种训练过程，还是可以当作奋斗的目标？你在跟张鸿的对话中说，你要写长篇，原因是你觉得你“欠自己一个对世界的诠释和总结”，中短篇小说不能对世界进行诠释和总结吗？

张楚：我觉得一个作家写不写长篇跟他内心的格局与他对这个世界的理解程度密切相关。专门写短篇一样可以成为伟大作家，比如契诃夫、鲁迅、卡佛、门罗。我想他们之所以没有写长篇，可能觉得短篇小说足以表达他们对生活、对人类内心世界的挖掘与呈现。对于我个人来说，当初写中短篇的出发点是很清晰的，那就是作为一种写作训练过程。当然在这个过程中，我体验到了写中短篇的快乐。这很重要。到了现在，我发觉自己在写中短篇时，往往不自觉地旁逸出很多意外想法，而且想说很多废话，或者说，这种废话其实是应该在长篇里出现的。我想，可能自己想描摹的世界、想表达的世界观、想塑造的人物，中短篇的体量已经不足以承载，换句话说，也就是“欠自己一个对世界的诠释和总结”吧！

杪椤：在读者中你的拥趸不少，我周围就有不少。我曾和他们交流过你的小说，但是包括我在内，大家有一个为你打抱不平的事：文坛对你贴了一个标签，就是“小城镇”写作，比如饶翔有文叫《作为美学空间的小城镇——对张楚小说的一种解读》，王秀梅有文《小城给张楚的意义》，等等。尽管这些文章各有各的理由，但是就像我们说“底层写作”那样，总是给人强烈的“大城市”视角，好像你都不应该写小城镇而且还是个小城镇人——当然，你不反感这种说法，你写《野草在歌唱——县城里的写作者》这样的自述型文章。你怎么看待你的身份、小城镇和文学这三者的关系？

张楚：这么多年来，我一直在县城生活，写的也大都是县城题材的小说。所以贴的标签也没错。我喜欢“小城镇”这三个字，就像我喜欢“蒲公英”“紫云英”“麦秸垛”“向日葵”“细腰蜂”“巴西龟”“白月光”这些名字一样。他们本身所具有的属性和你朗读他们时发出的声音构成了一种具有魔力的召唤。我记忆中最深刻的事件：第一次暗恋、第一次梦遗、第一次约会、第一次喝啤酒、第一次痛心疾首的哭泣、第一次因为阅读泪下、第一次失去亲人、第一次在月光下奔跑、第一次因为爱情想自杀、第一次上集市收税、第一次写出自己满意的小说，等等，全都是在小城镇里发生的。我对县城的体会和关注，剖析和反思，注定了我是一个有些乏味的县城生活书写者。说实话，我曾经无数次想逃离那里，但是我从来没有想过在文学的意义上逃离那里。或许，我未来的写作生涯，还会与小城镇息息相关。从小说这种文体诞生以来，擅长写城镇的经典作家比比皆是：福楼拜、舍伍德·安德森、福克纳、麦卡勒斯、奥康纳、杜鲁门·卡波特、鲁迅、沈从文……

杪椤：从地域角度上看，县城处在乡村和真正的城市（我们似乎从来没有把县城当作城市）之间，是一种过渡性的地方。过去乡土叙事一直是主流，现在城市叙事还远远没有成熟起来。你的小说中善于利用从乡村到县城，或者从乡村到城市这个背景来建构故事，比如《忆秦娥》，老舅和满树香都是农村出身，然后到县城里；像《刹那记》，鞋匠和裁缝那种关系完全是乡村式的，但是他们面对的却又是农耕以外的世界，道德和思维方式决定了人物的命运；再比如《大象》，孙志刚和艾绿珠找人的过程、感谢人的方式完全是农村式的，但他们的意义恰恰是他们的行动从农村到城市中去了。我觉得你的写作反映的正是乡土叙事到城市叙事的这种转变。你认为呢？

张楚：你总结得很对，从乡土叙事到城市叙事的这种转变，也许就是县城叙事吧。县城作为中国最具特色的行政区域，自身兼具乡村和城市的某些特质，同时又具有自身审慎的魅力。如何在这样一个特殊的领域发掘出具有特质美学和特质人性的事件，是身置其间的我最值得去思考的问题。

杪椤：假如“小城镇”写作这个标签是准确的话——我是说假如，在这个角度上，你觉得个人从乡到城的经历影响了你的写作吗？

张楚：这肯定是的。每个作家的生活经历决定了他的写作方向、写作特点、写作深度和写作广度。

杪椤：你自己也说“小说里的人物，大都是我身边的人，除了我自己，他们多多少少有些我的亲人、我的朋友的影子，还有一些，则是道听途说的人”。我也发现了这一点，比如《夏朗的望远镜》，这个小说里面就写到了一个现实中的人，我们都很熟悉的一个被判死刑的腐败分子，当然这个小说并不是一个反腐倡廉的小说。在传统的小说观念里，典型环境下的典型人物曾经是小说追求的目标，现在这个正常到平庸，无论环境还是人物，典型性越来越不容易抓住了。但是你抓住了，现在不是烈火硝烟锻造大英雄的时代，各种琐碎的日常，各种庸俗和逼仄——于是就写各种的小人物。——于是又有评论家说了，你是“小人物”写作。你总是这么能被人抓住“把柄”！关于这个问题你有过回答，但是我还是想问：你怎么抓住了“身边的人”的“小”然后把它经典化出来？这个问题你要认真回答，我觉得很多年轻的写作者在等着你的答案。

张楚：其实 90% 的现当代中国作家写的都是小人物啊：鲁迅、张爱玲、沈从文、老舍、萧红（这个名单可以无限长的列下去）……再到“70 后”作家，都是如此。其实是否被贴标签并不重要。真正重要的是作家本身要对自己的写作有一个清醒、警觉的认识。你得知道你为何这样写，为何不那样写。

你非要我回答如何抓住小人物的“小”，对于我这种理论盲而言，只能举例子说明了，哈哈。比如《野象小姐》，其实是朋友妻子的故事。她生了病，住院期间认识了很多病人，成为同病相怜、患难与共的朋友。那些病友在癌症面前，心态各有不同，个性也彰显得十足。她给我讲了很多住院细节。在她讲述过程中，我脑子里一直像放映电影般出现了一帧帧画面。给我印象最深刻的，还是那个经常跑到他们病房聊天的清洁工。清洁工长得巨胖，但是性格乐观，老是嘻嘻哈哈给她们解闷。这时我突然对这个人物产生了兴趣，作为一个有特点的女人，面目模糊的她似乎在向我招手。但此时我是焦虑的，不清楚该如何安排她的命运，如何让她在琐碎的、忧伤的叙述中散发出蜂蜜般的甘甜以及阳光温暖的味道。她虽模模糊糊，但时常干扰到我，似乎提醒我，不要再把她存留在那个混沌世界。

一年后我去秦皇岛看朋友，他带我去了酒吧。酒吧里有个异常肥胖的女人正在跳钢管舞。这个女人很老了，浓妆也掩盖不住她眼角的皱纹，可她笑得非常自信，眼神里似乎烧着小火焰——是的，如你猜度的那样，就在那一刻，曾经的清洁工和这个跳钢管舞的女人合二为一了。她诞生了。她在五光十色的夜里不慌不忙地跳着舞，手里的钢管仿佛就是那把扫帚。好吧，这篇小说就是这样随着她的诞生而诞生的。

杪椤：你是一个很忌惮故事的人，而且你的忌惮表现出来，不是在写作中去应合某种小说技法而“消解故事”，而是索性忽略故事。你的作品几乎没有一篇是靠一个完整的故事支撑起来的，像《野象小姐》，那样疏淡的几个人物的关系，《小情事》也是，几组人物的感情戏，发生在他们身上的那些事几乎都不能被称为“故事”。如果说有故事，也已经被拆解得支离破碎，而且也是把故事“拆解”到人身上，而不是“因人设事”。可是要知道，现在的时代被称作“全媒体时代”，我觉得它的另一个说法应该叫作“全故事时代”，各种各样的故事在网络中传播，而且很多到滥，你觉得这对小说来讲是好事还是坏事？为什么？谈谈你的故事观吧！

张楚：小说肯定是需要故事的，不然它就不能称之为小说。但是每个人对“故事”的理解方式是不同的。对我来说，那些琐碎的、日常的生活细节在叙述的裹挟下按照节奏往前行进，就是地地道道的故事——当然，它可能缺乏戏剧性。我写中篇小说前，其实会构思好大致的故事核，比如《七根孔雀羽毛》是一起子弑父谋杀案，《梁夏》是男人控告女人性骚扰，《夏朗的望远镜》是一个小镇男人反抗精神压制，而《风中事》则是“85后”青年的混乱恋爱观。《小情事》有些例外，从体量上看，应该是个短篇的架构。是的，谈到短篇了。在我看来，短篇不需要激烈的故事。戏剧冲突如果过于激烈，从艺术表达上就会伤害小说，它表面张力过强的话，就会损害短篇小说的内部血肉和骨骼。现代作家的经典短篇小说其实故事性都不强，比如《祝福》《孔乙己》《边城》《倾城之恋》《金锁记》

什么的，都是写小人物的日常生活。欧美现当代短篇更是如此，读爱尔兰作家的短篇，《死者》《南极》《山区光棍》什么的，感觉能淡出鸟来，但是你不能说那不是好的短篇小说——它似乎更注重人物内心的波澜，而不注重外部世界的戏剧跨度。

现在的确是“全故事时代”，网络小说更注重诡异奇绝的故事，阅读刺激性大，能让被生活折磨得披头散发的读者有个难得的放松享受机会。但这只是中国的国情。其他地区，无论在欧洲，还是在美国，其实是没有网络小说的，他们有类型文学，但在书店的书架上只能摆到“故事”那一类，“小说类”只摆严肃文学。作为一名所谓的从事传统文学创作的作家，其实我希望将来会有更多的阅读者体验到严肃文学的魅力。物质极大丰富后，人可能会更关照关乎人类心灵延伸方向的文字。

杪椤：当然。人物一定是小说里站着的那个东西，而不是别的。但是这有个问题，你的小说总是体现出复杂的人物关系，尤其是在开头，关系的复杂性会导致阅读进入时一头雾水，比如《忆秦娥》，里面的讲故事者、叙述者、被叙述的人物之间以及他们横向的伦理关系，我琢磨了好久才明白。你可以强调滞涩的叙述能够加深对主题的表现，但是好像太绕了也未必有利吧？

张楚：你这个建议特别好，以后我会留意改正这一点。其实短篇小说里不需要太多人物，如果出现了一个人物，即便是次要人物，在后面也必须有回应，这好像是短篇小说的创作规则。我也反思过自己的这个创作特点。这就又回到了前面你提问的问题，短篇可能已经承载不了我的人物了，我最好写个长篇吧，让他们在里面聒噪个够，嘿嘿。

桫椤：重视“日常性”必然看见“小人物”，我觉得你的写作也许在这一点上很有意义：丰富的日常性和小人物。正是这些小人物在日常的表现，深刻地反映了我们这个时代。你觉得呢？我对《夏朗的望远镜》印象非常深刻，夏朗和方雯遇到的问题几乎每一对青年男女在生活中都会遇到，那种年轻人与老年人之间的生活观念的对立，理想与现实的对立，尖锐而深刻。

张楚：《夏朗的望远镜》其实写的是美好沉默的人是如何被世界伤害的。那些沉默而羞怯的人时常围绕在我身边。他们有我的亲人，也有我的同事。他们有老有少，有男有女。他们像是一群失声的人，在别人欢歌时沉默；他们还像是一群探悉了另外一个世界秘密的人，对这个世界保持应有的冷漠和戒备。他们从不和他人争什么，即便他人冒犯和羞辱了他们；他们也从不在背后捣他人是非，即便他人触犯了他们的道德底线……总之，这群沉默寡言的人，仿若就是罗伯特·穆齐尔笔下那群没有个性的人，对一切都持无所谓的态度，或许可以从根本上说，他们似乎是一群丧失了锋芒、没有灵魂的人。然而，真的是那样吗？他们，在成为“他们”之前，到底经历了如何的变故，历经了如何的灵魂炼狱呢？我从一个貌似我熟悉的小男人身上，读到了他的诸多成长痕迹：从少年到青年，从毕业到工作，从谈恋爱到结婚生子……这个过程是漫长的，又是平庸的。我眼看着他从一个青葱内敛的人渐渐成长为一个平和麻木的人。他已经丧失了感知世界多样性和丰富性的诸多能力。那些尘世的灰尘和暗影，缓缓将他笼罩，让他无论处在何方，都相信自己是个安全的人。我企图通过这个男人，窥探出"他"或者"他们"的精神世界。可穆齐尔还说过，本性决定行为，本性取决于行为。那么，他们成为"他们"，他们失声，对他们而言，未必不是幸福。只是，他们没意识到，我们的确需要大声说话——唯有如此，这个世界才能更真实，而照耀我们的光，才能更明亮。

杪椤：对日常性的重视是你的"现实主义"吗？绝对意义上说，没有所谓"虚构"的作品，所有的小说都是经验的产物。在当下的小说创作中，你认为你的"现实主义"与那些宏大叙事中的"现实主义"有什么区别没有？

张楚：肯定是有的，我想这不单是我自己的"现实主义"的特点，也是我们这代"70后"作家"现实主义"的特点。用洪治纲先生的话来讲，就是"70后"作家无论是对尴尬命运的体恤性表达，还是对荒诞生存的反讽式书写，抑或对个人化情感经验的精确临摹，在直面日常生活时，并没有回避生存的无奈与伤痛。只不过，他们所展示的这些尴尬和疼痛，更多的是来自个人意愿与现实之间的无法协调，既不像"50后"作家拥有某种深远的历史意识，也不同于"60后"作家具备强劲的理性思考，更不同于"80后"作家对时尚、"穿越"和玄幻等反日常生活的迷恋。因此，从代际差异上看，他们的创作更加强调自我在当下现实中的生存感受，性爱也好，生活也好，都缺乏自我的历史感。也许，正因为他们过于回避对生活和人性进行形而上的哲思，削减了批评家对这一代作家创作的阐释欲望，才导致他们成为当代文坛中一个“沉默的在场”。他们在处理人物关系时，常常着眼于模糊而暧昧的状态，追求一种剪不断、理还乱的审美效果。他们不太喜欢过于复杂的人事纠葛，但他们却能够凭借自己良好的艺术感知力，轻而易举地深入到各种日常生存的缝隙之中，发现许多令人困惑而又纠缠不清的精神意绪，并对这些微妙的人生意绪进行饶有意味的扩张——这种扩张能力正是一个作家叙事潜能的重要体现，它可以直接映现作家对生命内在质感的有效把握，使小说在逼向生命存在的真实过程中，成功地建立起自身的叙事根基。

杪椤：你非常喜欢童年视角或者少年想象，但是这个视角所见，却常常会发现很特别的女性。我举几个例子，比如《忆秦娥》，“我”作为一个观察者和见证者，看见的是“满树香”对“我舅舅”的爱；《小情事》里面，“我”是小说里的叙述者，名字干脆就叫“张楚”，但是里面驱动故事发展的，是自己的母亲“周桂花”，这个人物在农村里是那种“里里外外一把手”式的、“大拿”式的；《大象》是一个隐含的少年视角，即劳晨，这个十五岁女孩的对应人物是艾绿珠，虽然二人没有明确的交集，但显然是有关系的。而你的小说对女性颇为重视，甚至女性也是一些小说的叙事核心，比如《细嗓门》《刹那记》《野象小姐》等。你怎么看待这个问题？

张楚：我的朋友曹寇曾经说，他很佩服那些能书写一个女人命运的男性作家。《包法利夫人》写女人；《红楼梦》里的贾宝玉完全是个情绪线索，串接的是十二钗；沈从文的几个代表作，《萧萧》《边城》和《丈夫》也无不是写女人；汪曾祺《大淖记事》里那个姑娘给十一子灌尿治病时，先自己尝了一口，委实让人动容。兴许，男人不具备怜香惜玉之情大致是当不了好作家的？我想，男人如果能像苏童、毕飞宇那样把女人写活，是不是一件值得格外骄傲的事？

杪椤：在你的小说中，常常有一个意象牵动人物，甚至这个意象对小说本身并没有逻辑上必须存在的理由，但它们一旦出现，就会让人产生某种心灵上的颤动。如果说《大象》中的那个布象，《夏朗的望远镜》中的望远镜与作品的主题还有着直接的关联，而《七根孔雀羽毛》，那七根羽毛不知所来，都不知道为什么那个叙述者——宗建明重视它们，但他就是敝帚自珍，羽毛好像是“我”与李红及其孩子之间关系的象征物，但是又莫名其妙；还有《细嗓门》里的那盆“蔷薇花”，显然这是一个只存在于文学逻辑中的意象，现实中不会出现，但它与凶残的家暴和凶杀、离婚这样沉重的话题相对照，产生了巨大力量。我不知道你是否写诗，你对意象的使用颇有诗意，堪称“神来之笔”，谈谈你的想法。

张楚：无论是“望远镜”，还是“七根羽毛”，抑或“蔷薇花”，其实都是一种意象。其实意象可能只是模糊的潜意识。比如《曲别针》里的曲别针，有朋友说它隐喻了男主人公精神世界的扭曲。其实我写时并没有这种意识，这只是一种个人的小嗜好，就像有人喜欢不停摆弄打火机一样。人私底下的一些细微的小习惯、小毛病、特殊喜好，都是他内心世界的真实镜像。《七根孔雀羽毛》里的孔雀羽毛，也许没有任何意义，但却是主人公最温暖、最隐秘的东西。人有时就需要一些没有意义的东西，它安静地存在着，跟我们所处的这个庞杂混乱的世界形成一种美学意义上的反差。当然，也可以说它是精神世界对诗意的一种向往和梳理。不过从精神分析角度来看，这些“意象”确实有助于揭示人物内心和小说主旨。可我写作时更多时候是“无意识的有意识”。后来《收获》的编辑继军兄跟我说，“意象”在我的小说中运用得太多，成了某种标志。我很警惕。最近的作品中就很少涉及“意象”了。比如《风中事》《略知她一二》《简买丽决定要疯掉》，都写得很实。我不太想让别人觉得意象只是我对技巧轻车熟路的运用。

我没有写过诗，但是很喜欢读诗，跟很多诗人也是好朋友。在古希腊，诗人们被认为是另外一种意义上的“立法者”，帝王是很警惕的，认为他们扰乱了人们内心深处最神秘的那部分，容易引起人们精神上的骚乱。当代社会，诗人们失却了这种“立法者”的地位，他们依然探讨人类心灵最隐秘的那部分，不过声音却变得审慎。我最喜欢的诗人是策兰、艾略特、聂鲁达和奥登。中国的当代诗人们跟小说家有很大区别，像古人那种“兰亭雅集”之类的活动一直被他们效仿，但是小说家们似乎更喜欢独来独往，很少扎堆。

桫椤：好像一直在说你的作品，我们还是跳出来。你写小说这么多年，最深刻的感受是什么？这当中有没有什么特别有意思而且能说的事？

张楚：最深刻的感受就是写小说的快感没有以前强烈了。刚开始写作，就是一种自发性写作，读的书有限，就是一通乱写，但是那种偷偷摸摸乱写的感觉很爽。慢慢地就掌握了一些技巧，书也读得杂了些，多了些，对小说这门艺术的思考会让写作者在不知不觉中过渡到一种自觉性写作，选材，语言，叙述的节奏，表达的主题在写作之前会有一个粗略的、通盘的考虑。作品少了些莽撞，少了些棱角，多了些理性，多了些平滑。那时的写作还是很快乐的，能感觉到自己在这条路上走得有模有样。过了这个阶段，书虽然读得更多，但是会对自己的创作有一种怀疑：你所写的、你所创造的世界，真的有意义吗？那些人类普世的价值和情感，伟大的先知和伟大的作家们都已经完美地创造出来，你既没有他们有才情，又没有他们有智慧，这样傻乎乎的写作是不是很愚蠢？这个时候，其实就是内心的虚无主义在作祟，你必须让自己的内心变得强大，你要相信你和那些先知们一样，会对人类情感做出最新的预言；你要相信你和那些经典作家一样，会对人类最新的情感类型和模式做出最完美的描摹与诠释。我想我刚刚度过了虚无主义阶段。说实话，这个阶段很危险，很多才华横溢的写作者都在这个阶段放弃了写作，去做让他们的触角更灵敏的新鲜事。

其实我特别羡慕国外的作家，他们很多人到了六七十岁，还对写作保持着旺盛的热情。除了跟荷尔蒙分泌有关，跟自信心有关，可能更跟他们对这个世界的处理方式有关。比如玛格丽特，七十岁了还能写出《情人》；菲利普·罗斯六十四岁写了《美国牧歌》，六十五岁写了《我嫁给了共产党人》，六十七岁写了《人性的污秽》，七十七岁写了《复仇者》；门罗更不用说了，七十三岁才出版了《逃离》。反观中国作家，超了六十五岁还能激情澎湃写小说的，能有几个人？中国的作家很容易沉湎于世俗，与这个世界互相嵌入得严丝合缝，这种过度聪慧和过分入世，可能是妨碍中国作家延长写作寿命的重要缘由。

杪椤：说一个犯忌的话题，获得鲁迅文学奖后，你从税务局调到了省作协，成了一名专业作家，从此你就是"体制内作家"了。你觉得这个身份的转变会影响你的创作吗？是有利还是没有利？原因是什么？

张楚：说实话，我觉得这种身份的转变没有影响我的创作。当了一年的专业作家，我没有比业余写作时写得更多，也没有写得更少。可能我潜意识里一直保持着某种创作的速度。虽然自由时间多了，但是写作的时间并没有延拓，更多的时候，我在读书、思考、跑步，或者跟朋友一起聊天。当然，有时候会有丝丝缕缕的焦虑感，觉得自己在浪费时间，但是再往深层想一想，我这种生活方式，可能就是我处理跟世界的关系的模式。这种模式不可能跟他人完全重合，克隆他人。有时候也想，这或许跟刚刚处于"自由世界"有关系。最终我可能突然加速度，写出更多作品。我羡慕那些混不吝写作的人，作品参差不齐，但肯定能写出好作品。

桫椤：在最后，请你简要回顾一下你的创作历程，也算为关注你的人提供资料。

张楚：这个问题是这次访谈中最不用动脑的问题，我喜欢。好吧，我去找找我的简历。

1995 年开始小说创作，2001 年在《山花》发表了处女作《火车的掌纹》。2002 年在《莽原》发表中篇处女作《U 型公路》。2003 年在《收获》发表了《曲别针》。2004 年在《人民文学》发表了《草莓冰山》，《收获》发表了《蜂房》。后来就这样在刊物上一直发表下去。2005 年在作家出版社出版了第一本小说集《樱桃记》。《曲别针》获 2003 年河北省优秀作品奖和第十届“河北省文艺振兴奖”。《长发》获 2004 年河北省优秀作品奖和 2004 年《人民文学》短篇小说奖。《樱桃记》获《中国作家》“大红鹰文学奖”。2005 年当选为第二届河北省“十佳青年作家”。2007 年被共青团河北省委、河北省文化厅等单位授予“河北省青年文化建设奖”。《细嗓门》获 2007 年河北省优秀作品奖。《刹那记》获 2008 年河北省优秀作品奖。2011 年《七根孔雀羽毛》获河北省优秀作品奖，上“中国小说排行榜”。小说集《七根孔雀羽毛》入选 2012 年河北年度“十部好书”。2011 年入选“未来文学大家 TOP20”。2012 年获“林斤澜短篇小说奖”。2013 年获《人民文学》和《南方文坛》“年度青年作家”称号，获《北京文学·中篇小说月报》奖、《十月》青年作家奖、小说集《七根孔雀羽毛》获第十二届“河北省文艺振兴奖”，《在云落》获2013年河北省优秀作品奖。2014年短篇小说《良宵》获鲁迅文学奖。2015年《野象小姐》获孙犁文学奖以及《小说月报》百花奖；《直到宇宙尽头》获《作家》金短篇奖；《忆秦娥》获《小说选刊》短篇小说奖。

这么市侩的介绍，就到此为止吧。

对话东君：对自己有期待才能让读者有期待

东君，本名郑晓泉，“70后”写作者。以小说创作为主，兼及诗与随笔，偶涉戏剧。结集作品有《东瓯小史》《某年某月某先生》《徒然先生穿过北冰洋》《面孔》《无雨烧茶》等。另著有长篇小说《浮世三记》、评论集《隐秘的回响》等。曾获《人民文学》短篇小说奖、《十月》中篇小说奖、第二届郁达夫短篇小说奖等。

杪椤：这次对话我跟你约了很久了，因为我个人的原因一直没有进行，在此向东君兄致歉。记得我们最近一次见面是在河北师大举办的“现代性五面孔”研讨会上。我们就从“现代性”这个话题入手吧！作为现代性的“面孔”之一，花城出版社那套书一出版，估计你们几位都有可能被读者贴上一个“先锋作家”的标签。你觉得这个标签适合你吗？

东君：很抱歉，我一直患有严重的拖延症。这次对话，我之所以拖延这么久，是因为我觉得自己作为一个写作者，既然已经“下了蛋”，没必要跟人家谈论自己是怎样“下蛋”的。事实上，我在一些随笔或评论文章中早就谈论过自己的创作体会、文学观什么的，老调子重弹，就怕人厌烦。所以，一搁就搁到现在。杪椤兄是那么认真地做了一些案头工作，我再作回避，似乎就要掌自己的嘴了。那么，就让我逐个回答你的提问吧！

一个作家被人贴上标签，在我看来未必是件好事。同样，把“先锋作家”的标签落在某个作家身上，是出版家或评论家们喜欢干的活儿。主要的原因，是便于给读者造成某种“貌似这一类人”的错觉。如果读者也给我贴上所谓的“先锋作家”的标签，我不会设法撇清的，相反，我可能会在这名下写一些大异其趣的东西。无须解释，作品自会说明一切。坦白地说，20世纪80年代兴起的“先锋文学”（尤其是小说）对我后来的创作影响甚微。那时年纪还只有十几岁，接触有限，加之阅读重点不在那一端，无意间把那一阵文学风潮给忽略过去了。到了90年代初，“先锋文学”风头犹健，先锋作家的重要作品都一部接一部出来了，而我却偏偏属意于台港文学与西方现代文学，又一次与之擦肩而过。我后来也曾写过一些向这些前辈致敬的所谓“先锋小说”，不过，我在写作中对欧化的东西还是有意识地作了甄别。

杪椤：开口就显出了你的“大异其趣”！不少作家都会强调“先锋文学”对自己的影响，在你这里我却听到了“影响甚微”这样的说法，可见你是个不从众的作家。基于中国的现代性启蒙来得比较晚这一事实，我们常常会认为外来的就是现代的。你的作品多有对现代性的探讨，呈现现代性对中国的影响仿佛也是你追求的一个目标。比如像长篇小说《树巢》，很新奇的写法，看上去是个家族小说，传统与现代的对比意味很强烈，但是虚与实杂糅的写法，比如一个离开了身体的胃到处找食物吃，这种写法本身就很现代、很先锋。你在动笔之前怎样考虑作品里的超现实性？

东君：如果我的小说创作可以细加划分，那么，1999 年至 2003 年应该算是我小说创作的探索阶段吧。那时有一部分小说明显是受法国新小说（尤其是极简主义小说）的影响。还有一部分小说，故意模糊了文体边界，因此被归类为“跨文体”。我那时刚出道，有点儿野心勃勃，总是觉得当代小说写得太像小说，因此就冒着可能被人加以指责的风险进行了跨文体写作的试验，《人·狗·猫》《鼻子考》《昆虫记》就是那个时期的探索之作。写于 2003 年的长篇小说《树巢》则是把跨文体写作推向了极致。我说过，我算不上是一个出色的写作者，但我认为自己是一个有想法的写作者。或者说，我总想写出一点儿跟别人不一样的东西。这种想法曾在《树巢》中得到了现在看来还不够成熟的表现。这部长篇小说刚写完时我还是信心满满的，曾在我们乐清的《箫台》杂志节选刊发。但发表后反响平平，朋友见了面无非是问一声，最近出长篇啦？现在回头来看，这部长篇还是有不少不无遗憾之处的。这跟我当时眼高手低有着很大关系。我写到三分之二处，就失控了。个中得失，唯有自知。因此，以后再版的话，我想删掉三分之一，这样也许会变得更纯粹一些。但我也相信，这部小说还有几个可以称道的地方，比如你说那个神奇的胃，它从马大憨的身体里跳出来，自己找食物吃；还有比如采用戏剧的形式写马老爷与罗刹之间的对话。这种写法，在西方超现实主义作品里早就玩过了，不足为奇，我只不过是让它变得更"中国化"。现在我不会这么玩啦！中国小说家只需要把现实题材稍加处理，在外国人看来就是一部超现实主义作品了。

杪椤：对，我们当下生活的确够复杂，所以才流行起来"现实比想象还丰富"这样的说法。"写实性""现实主义"，这些概念仿佛一直被用来定义中国当代文学的主流特征；现在又有个新说法叫"讲述中国故事"，显然也在加强这些概念。我看《树巢》的时候就感觉非常新鲜，尽管它也是一个以现实为框架的小说。

东君：套用你的说法，《树巢》就是讲述中国家族的故事。我很早就想写一部家族小说。家族小说与流浪汉小说一直是小说的两大传统。相对于欧洲人，中国人写家族小说似乎更适合一些。中国人是讲血缘关系的。这种关系由姓氏来决定。先秦时期，血缘贵族才拥有姓氏，而庶民则只有名字，没有姓氏。一般来说，姓氏更倾向于男性血统，离垂直男性血统较近的族丁相对于较远族丁，其地位显然要高一些。这种血缘关系发展到后来，就更错综复杂了。但我要强调的是，我所写的不是自己的家族。自然，这本书也不是什么自传体作品。我只不过是借家族小说这个幌子，把近几年一些也许是不太成熟的想法告诉别人。书中有对小国寡民式的理想社会的描述，有对古希腊神话的戏仿（同时也创造了一种新的神话体系），有对儒、释、道、基督教的阐明，有对神、人、鬼、兽共同构成的世界的大胆设想（这里面也出现了四种话语：神话、鬼话、人话、兽话）。小说中的人物似乎可以在我们所熟知的神谱中找到对应的神灵。因此，我写作这部书时，感觉自己就是一个制造象征的神话诗人。我写作这部作品时脑子里没有那么多“现实性”呀、“现实主义”呀。说穿了，我就是觉得怎么好玩怎么写。小说第一卷从一开头我就板着脸谈吃喝拉撒、裹脚对歌之类的，看似雄辩滔滔，其实压根儿不是拿真学问唬人，而是拿学问开玩笑；最后一卷对四福音书的戏仿，也是拿经典开涮。在有些人看来这样做近乎炫技，而我自己却认为是纯然出于一种“好玩”的心态。我跟一些经典小说对着干，其实也是另一种模仿。这种模仿有时可能隐在小说的深层结构中，读者不易察觉。

桫椤：中国人以父姓为子姓的传统增强了家族的稳固性，这也是有特色的中国文化，我觉得《树巢》首先就建立在中国传统的基础上。你一直在写“中国味”的小说，很多作品都有浓郁的中国传统文化色彩。除了《树巢》，像《恍兮惚兮》《浮世三记》，以及新书《徒然先生穿过北冰洋》等这些集子中的作品。看《东瓯小史》那几篇，《苏薏园先生年谱》用“年谱”这种体例写小说，显然比“词典”之类的更中国化。你为什么会选择书写传统文化这条路径？

东君：2003年，我写完长篇小说《树巢》之后，我的小说风格开始趋于稳定，并写出了《拳师之死》《回煞》《黑白业》《风月谈》等短篇，而且我也有意在小说中融入老庄的味道、六朝笔记文的味道。《东瓯小史》这部书中的小说延续这一路风格，但有一部分作品更有探索性。《苏薏园先生年谱》中的人物原型就是我岳父半溪先生，他去世后，我花了一年半时间给他整理遗稿和书画作品，后来又给他撰写了一份年谱。《苏薏园先生年谱》就是受此启发写出来的。我有几篇作品在形式上也许还是有点儿独创性的，至少我没有发现别人这么写过。

杪椤：用年谱的形式写小说，看上去也是一次“跨文体”写作的成功尝试。除了形式、题材以及知识性的元素，你的小说里营造的意境更是中国化的，比如像《空山》《听洪素手弹琴》这些作品。《如果下雨天你骑马去拜客》和《子虚先生在乌有乡》触及当前最有“现代性”的主题，但是它们内在的气韵完全是中国式的。你怎样处理这二者之间的关系？

东君：不错，这两篇小说无论在寓意上，还是气韵上，都有相通之处。我喜欢在小说中营造一种氛围。这就像夏日里一团慢慢积聚的乌云，一阵潮湿的风，它们的到来，就是为了催生一阵雨。遣词造句有时候就是呼风唤雨。我就是在这样的一种氛围里，写下了《下雨天骑马去拜客》这个短篇小说。我已经忘记了自己是先写下几个未成型的小说片段，还是先写下这个让自己触发感性的题目。但我仍然清楚地记得，当我写下“雨”这个汉字时，一些美好的意象就纷至沓来了。小说中没有写到什么“骑马”的情景，不过，雨是一定要下的。光是看题目“如果下雨天你骑马去拜客”，你或许会觉得这是一个古代题材的小说。而事实上，我写的是全球金融海啸对一个偏僻之地的影响以及由此带来的山乡格局的异动。“三海龟”觉得自己所做的一切都是朝美好的一面发展：包括改造山村格局、改善阿义太公的生活、给阿义太公的曾孙创造一个美好的未来。而我们从中也可以看到：这个山村被过度开发之后非复之前的山村，它已经变成了城市的一部分。结局看起来是皆大欢喜的，但你仔细琢磨，却有一种深蕴其间的哀意。《子虚先生在乌有乡》的结局也是充满反讽色彩的。

桫椤：你的小说里叙述的调子就像古人谈心，娓娓而来，又空空而去，有一种旷达的诗意，但语言又很精致，有种文言的味道。在语言格调与叙事主旨之间形成了一致性，你怎样做到这一点的？

东君：这可能与一个人的心性有关，想做也做不出来。我是一个喜欢安静的人，也喜欢写一种安静的文字。我的小说语言里叙述调子大都是低微的，大概接近于古琴的音调吧。

桫椤：真是文如其人呐！就像你说的心性，只能是个人修炼出来的神韵和境界了。你提到六朝笔记，看来中国古典小说传统中，明清白话小说之前的那部分对你的影响更大。你非常善于经营故事，传奇性是六朝文、唐传奇中最鲜明的叙事特色；但是在先锋小说里面，故事一直面临着被消解的趋势，所以故事性强反倒又成了你反现代传统的一个特征。在创造中你怎样处理这种矛盾？

东君：六朝的笔记文（包括志怪与志人小说）、唐传奇等，对我影响很大。用当下的眼光看，唐传奇中很多小说现在也算是类型小说。比如裴鉶的《聂隐娘》《虬髯客》可归类为武侠小说；张说的《绿衣使者》可归类为侦探小说；元稹的《崔莺莺传》、薛调的《无双传》可归类为言情小说；沈既济的《枕中记》、李公佐的《南柯太守传》可归类为穿越小说，等等。

近几年，我开始关注类型文学。类型文学吸引人的地方就在于会讲故事。小说在本质上应该与故事有所区别。但这并不意味着小说就不能借助类型文学的长处。在我看来，在中国的类型文学中，武侠小说的成就是最高的。从还珠楼主到金庸古龙，很多小说人物我们耳熟能详。批评家谢有顺曾说，20世纪以来，能让读者记住小说主人公名字的作家，以鲁迅和金庸为最。像我们这些以纯文学标榜的写作者，或许会对类型文学玩的那一套不屑一顾，但细细一想，还真是不得不承认类型文学也有可以师法的地方——既然金庸、古龙的武侠小说可以汲取现代文学的元素与技法，那么，我们为什么不能放开禁忌、扩大容量，把武侠小说等类型文学作品的元素与技法融入我们的小说？出于这个想法，我这十几年来，除了写那些“很像小说的小说”之外，也断断续续写了几个戏仿武侠的小说，《空山》《侠隐记》等就是这方面的尝试之作。

杪椤：因为注重故事及其传奇性，所以你的大部分小说很“好看”，这似乎又与“纯文学”所追求的目标不一致。你的小说主要写给自己还是写给读者？你怎样看待读者在小说中的位置？

东君：追求纯文学写作的人可以以一种孤冷的口吻宣称自己是为“一百年后的读者写作”“为无限的少数写作”，可是，天知道，未来的文学形态会是怎样的？文学走到今天，已经很难玩出花样了，也很难让读者有所期待。我是最不喜欢重复自己的，如果对自己都没有期待，你怎么让读者对你有所期待？是的，我有一类小说有意追求“看点”，有“看点”才会引发阅读快感。谢有顺曾把小说的“说”字解释为“悦”，意思就是小说就是给人带来小小的愉悦。我以为这就是小说的一种基本功能。还有一些小说，不一定“好看”，但文字读起来很舒服，这也是我所追求的。我不会迎合读者写作，如果我有一部分作品被大多数读者所接受，那一定是一件碰巧的事。

杪椤：我很赞同你说今天文学“很难玩出花样”这个观点。小说这个行当一直在向西方学习，但是西方小说从古典转到现代之后，到现在也快玩不下去了，所以就出来各种实验性的作品。但是我们很多本土的作家对国外新潮的技巧顶礼膜拜，我看到很多“翻译味”的汉语小说。在这一点上说，你给读者提供了最为中国式的现代小说。比如你最近的创作中有一些书写当下生活的小说，视点也转移到一些不同于常人的角色身上，好像呈现了现实中不可见的江湖，像《酒徒行传》《小恶棍的春天》《在一条河流般孤寂的大街上》。它们也有传统笔记小说的色彩，但呈现全新的气象。这些作品是融合中西的全方位的文学观、小说技巧，与中国传统和现代俗世生活相结合的产物，有一种创造性的审美转化在里面。中国人自有自己的一套伦理，“江湖”是“最民间”的地方，呈现我们自己的生活恐怕单靠西方技巧更是玩不转的。谈谈你自己的想法。

东君：我有一位朋友跟我说，他写作的时候，一定要读一些自己喜欢的西方作家的小说。在阅读中，他才能激发自己的创作灵感。而我跟他不同的是，我的案头虽然也摆放几本西方作家的书，但我通常不会翻看。就那样放着，就足够让我有信心写下去。

“不可见的江湖”，你这种说法很有意思，等于是给我的想法找了一个恰切的说法。《酒徒行传》《小恶棍的春天》《在一条河流般孤寂的大街上》《儒夫》里面都有一个“江湖”。此江湖非彼江湖，在我小说里，江湖就是世道人心。其实我在戏仿武侠小说的作品《侠隐记》《空山》中也有一个跟金庸、古龙不一样的江湖。温州有位作家，叫王手，他出身“江湖”，所以他把“江湖”写得煞是好看：在他笔下，市井里有个“江湖”、机关单位里有个“江湖”、生意场里有个“江湖”、皮鞋作坊里有个“江湖”。“江湖”无所不在，人心仿佛陷阱。而我写“江湖”，略显文气，没有他那样本色当行。近些年，我有感于文人的血性越来越稀薄，奴性越来越重，所以想借这“不可见的江湖”，写一些“不一样的人”；他们也许不能见容于一个群体，但他们有特立独行的一面，他们身上尚存“侠”的传统。事实上，我写现代意义上的隐士与侠客，用的都是同一副笔墨。

杪椤：你对中国传统文化的兴趣，是否也受到您个人成长经历的影响？谈谈你的个人生活经历吧，比如家庭、童年的生活、求学的经历等。

东君：20世纪80年代末期，读的最多的，除了中国古典文学作品，其次就是现代文学作品和港台文学作品。现代文学读物是哥哥去城里念书后留给我的，而港台文学读物则是在镇上一个租书摊上借来的。值得一提的是，我所居住的南方小镇与中国台湾有着密切的海上贸易关系，直到走私产品消歇之后，被港台流行读物挟裹着卷进视野的还有刘以鬯、白先勇、王文兴、七等生、李昂等人的作品。因此，我的最初的写作资源即来源于现代文学与港台文学，而不是当时就已经热气腾腾的“先锋文学”。记得80年代末期，一位发小的父亲喜欢读点旧书，家中唯一的一本新书就是这本《香港作家中短篇小说选》，花城出版社出版，书价2.05元。因为没人读，就闲置架上。大概是1987年左右吧，发小见我在暗地里写些类似于小说的文字，就把这书借我。从此有借无还。香港回归都二十年了，仍没归还。

至于谈到中国传统文化，我对它的喜好程度跟我对西方文化的态度没有什么区别，我曾经跟朋友做过民俗文化田野考察，写过一些跟文学不搭界的东西，但我永远是个“半吊子”，只是“玩玩”而已，连玩物丧志的资格恐怕都没有。另一方面，我觉得中国传统文化中有一种东西很容易让人把玩之后不知不觉地沉迷下去，这也使我对它始终保持着某种警惕。比如书法，我不敢花太多的时间与精力伏案临帖，我把笔与纸放在离我远一点儿的地方，以免动念。平常，我只是在倦于读书写作之余，看看碑帖，抄点诗文，作为一种身心的调剂。

杪椤：除了小说，你也写诗，你的文学之路开始于诗还是小说，或者是散文？这种开端有什么机缘吗？

东君：有一回，我在朋友的微信中无意间翻看到《诗歌报》“中国诗坛 1986”的作品专辑，突然想到自己第一次接触现代诗报的情形。记得 20 世纪 80 年代末期，温州也出过这样一份现代诗报。我很惊讶，这些诗怎么跟我在教科书上读到的诗截然不同？于是开始关注这些分行的文字。仍然记得 1987 年初读朦胧诗的那种兴奋之情。那是一本春风文艺出版社出版的朦胧诗选，封面好像是黄绿色的。我从头到尾都翻了一遍，至今还能背几首。同时期读到的最好的诗选是《台湾诗人十二家》（流沙河主编）。我写诗的念头大概就是从读完那些分行的文字之后开始冒出来的。后来读到希梅内斯、聂鲁达、叶芝，就把北岛们、郑愁予们忘在一边了。从 1988 年至 1998 年，我一直以写诗为主。但始终觉得自己没有把这活儿玩好。在所有的文体中，诗是最容易的，也是最难的。其实我现在还在坚持写诗，只是很少拿出来发表。如果有一天，我连诗都不想写了，我的小说大概也就写不下去了。

杪椤：你认为你有天生的小说禀赋吗？你觉得做一个小说家最重要的条件是什么？

东君：我以为自己有写诗的禀赋，结果我被人认可的是小说。但我想，一个作家最终被人认可的，也许不是某一种文体，而是一个整体。

摄影家何藩说："照片拍得不够好，是因为你离生活还不够近。"我觉得小说写得不够好也是如此吧。做一个小说家最重要的条件是要跟世俗打成一片，然后还要有一颗出世之心。这样的文字才是最干净的。

杪椤：你认为你的小说创作在你的人生之中是个什么位置？

东君：仅次于诗。

杪椤：哈！真是一种机辩！你的创作经历过哪些磨难？你又怎样把它们解决掉了？这个问题或许可以给年轻作家提供借鉴。

东君：我满以为自己可以写几个长篇的，但身体条件不允许我这么做。我这些年专注于写短篇小说是因为我"坐不住"。我几年前拍了腰椎正侧位片，结果是：腰椎生理曲度变质。L2–L5诸椎体边缘骨质增生。后来拍了颈椎，3、4、5、6节颈椎均突出。此外脊椎弯曲，生有骨刺。这些都是久坐带来的结果。久坐，无非两件事：读书，写作。所以，我现在不得不调整自己的写作习惯。尽量避免久坐，就只能写些短篇小说了。我曾在多处声称，我要重拾勇气，写出一部有分量的长篇小说。但我至今未曾动笔。我好像在等待着什么。也许，正是这种等待着什么的感觉使我一直保有写下去的动力。

杪椤：等待就是蓄势，期待"发"的那一天到来，不过还是要以身体为重。你的小说里没有特别鲜明的时代印记，你好像从不追赶文学上的什么潮流，你对自己的创作之路有自信心吗？

东君：所谓文学潮流，很大程度上，跟国内文学期刊的勃兴有关。我们感觉自己得益于期刊的同时，也许不能不正视这一现状：我们的写作越来越趋同，也正是缘于期刊作品之间的相互影响。李敬泽曾称之为“内循环”。不少人在飞机上何以会昏昏欲睡？这是因为飞机里供我们呼吸的就是内循环空气。我曾在某次笔会上说过，在条件允许的情况下，我想试着从期刊所培养的文学趣味与固有习气中慢慢脱离出来，沉潜几年，写出几篇真正经得起掂量的作品。可我一直做不到这一点。原因是，我现在好像不是在为自己写作，而是为朋友写作。朋友办刊物，对你信任，屡屡向你约稿，你有时候会不忍心拒绝。你手头如果有作品，却死活不愿意拿出来，似乎就有点儿对不住人家了。

对自己的创作之路自然是充满信心的，但这并不意味着我就可以放过自己的瓶颈问题，概而言之，问题有二：一是我还能写多久，二是我是否还能写得更好。前者让我感觉到自身的局限性，后者让我看到写作这条路子的一种可能性。我所能做到的，就是让自己写得慢一点儿、少一点儿，也许只有这样才能让自己写得更久、更好一点儿。

杪椤：迄今为止，你最满意自己哪一部作品？说说理由。

东君：谈不上哪一部作品是自己最满意的，因此也无所谓理由。如果说哪一类小说比较满意，那我就举几篇小说的篇名吧：

《苏薏园先生年谱》《如果下雨天你骑马去拜客》《夜宴杂谈》《子虚先生在乌有乡》《范老师，还带我们去看火车吗》《听洪素手弹琴》《长生》《好快刀》《空山》《面孔》……够了吧。

桫椤：因为我一直关注网络文学，所以每逢对话有一个问题我一定会问，就是关于网络小说。你关注过网络小说吗？网络小说现在被评价为“改写了中国当代文学史”，你怎么看待网络小说或者网络文学这种现象？就以这个问题作为我们对话的结尾吧，也谢谢你接受我的访问！

东君：我们都生活在多媒体时代，会不可避免地阅读或浏览大量的网络资讯。这里面很大部分是我们所不需要的，但我们偏偏要对自己不需要的东西产生兴趣。这是一个悖论。布鲁姆说，你读了这些三流作品，就没有时间读一流作品了。但你不得不承认，我们在网络上能读到一些经典作品无法提供的新信息。

作为一名写作者，我们也不得不承认这样一种现实：我们的阅读是碎片化、快餐式的；相应地，我们的文学格局、写作方式和发表途径也都发生了很大的变化。其结果是，大部分人写得多，思考得少。我不喜欢读网络小说中那种未经思考和推敲的文字，它们繁殖得越多，死得越多；繁殖得越快，死得越快。网络作家给我的感觉是他们写得太多、太快了。日书万言，滔滔不绝，即便文字朝生暮死，他们也不足惜，因为文字已经变成了钱，稳稳地落入口袋。我曾经开玩笑说，如果将来会有一种惩罚落在他们头上，大概就是让他们在竹简上一笔一画地刻字吧。

对话哲贵：每个作家都有各自的使命

哲贵，1973年出生。著有长篇小说《迷路》《猛虎图》，非虚构《金乡》，另有中短篇小说集《金属心》《信河街传奇》《仙境》《化蝶》等。浙江省作家协会副主席。现居温州。

杪椤：您是温州人，温州一直以商业发达而著称。媒体报道传递给我的印象，好像在温州人人都是企业家，您有没有自己创业的经历？外界对于您的生活好像所知不多，起码我是这样，就知道您是在一家报社工作。您可以谈谈您的生活经历吗？

哲贵：近四十年来，温州这座城市确是以商闻名于世，商名盖过一切。这与政策有关，与温州的文化、地理、社会、经济也有必然联系。称温州人人是企业家不准确，但每个家庭或者说每个人都与商业有着直接或间接的关系，这是事实。我有过短暂的创业经历，很快明白自己不是那块料，只能“从吾所好”。

我专业学的是园艺，原本可以种花养草，过着悠闲而庸碌的一生。机缘巧合进了报社，从事文字工作，发现生活依然庸碌，悠闲却丢了。这可能便是命运吧。

我记事起，便是中国改革开放之始，几十年来，看身边朋辈风起云涌，潮聚潮散，而我成了一个站在岸边做记录的人。我没有随他们投入滚烫的商潮，唯一的好处是能冷静观看和分析他们，记录他们的喜怒哀乐。

分工不同，角色不同，却殊途同归。我觉得挺好。

杪椤：好像上学时您就偏科，文科好理科不好，这和您后来走上写作的道路有关系吗？您是否相信自己具有写小说的天赋？

哲贵：偏科有时只是借口，偷懒的借口。而天赋往往是自欺欺人，我在十八岁之前，没觉得自己具有写小说的天赋。十八岁之后也是歪打正着，各种机缘到了，走上了这条路。如果不写作，我的生活可能会过得更好一些，至少是另外一副模样和状态，但我从来没有后悔走上这条路，我始终认为作家是一份体面而有尊严的职业。更重要的是，它让我不断认识自己和历史的关系、和这个社会的关系以及和自己的关系。

杪椤：您走上文学之路有什么特殊的机缘，或者是受到了谁的影响？爱好写作的人很多，但像您这样成功的还是少数，您觉得您成功的最大经验是什么？

哲贵：我文学上的启蒙老师是程绍国先生，他文字美妙，有文学担当。我与他交往后，他给我很多鼓励。从我有限的经验来看，文学很多时候是鼓励的产物。第二位对我产生影响的作家是林斤澜先生，与他的交往，让我对现当代作家产生了亲近感——这些作家是一个个活生生的人，而不是书本上的名字或符号。更重要的是，在与他的接触中，建立了我的文学观以及人生观，让我知道怎么做一个人，做一个什么样的人。第三位是李敬泽先生，他帮助我打开了作为一个作家的视野，让我知道如何成为一个“当代作家”。

我的写作算不上成功，我不知道写作上真正的成功界限在哪里。但是，我知道，每个作家都有各自的使命。如果从这个角度讲，一个作家，首先要知道自己的使命是什么，其次便是坚持不停地写作，直到成为理想中的那个自己。

杪椤：您一直在小说里写“信河街”这样一个地方，按照谢有顺的说法，“信河街”应该是您写作的“根据地”吧！这个地方是实有其地还是被虚构出来的？它可以看作您的故乡——温州的象征吧？

哲贵：没错，我一直在写“信河街”这样一个地方，她既是现实的，又是虚拟的。有时候她象征温州，有温州的体温、气味、腔调，甚至有温州的狭小。更多时候，我将她看作中国，甚至世界。

杪椤：像福克纳说他终其一生都在写那个“邮票大小的故乡”，除了“生意兴隆”的现实环境提供给您的生活体验，故乡还给了您什么？

哲贵：故乡是我们的血脉之地。我们都知道基因来自父母，其实，从文学的角度来看，人的基因至少来自三个方面，第一是父母，第二是故乡，第三是文化。当我们认识到这个问题后，故乡会成为我们独一无二的优势。可是，反过来，她也可能成为枷锁，束缚我们前行。但是，从我的情况来看，故乡以及故乡文化对我的施与远远大于我对故乡的回报。

杪椤：温州是小说高地，一批杰出的中青年小说家活跃在当下的文坛上，您是一位，还有钟求是、东君、吴玄、王手等。小说写作是最个性化的创造，也很难对不同作家的作品进行比较，但我还是在温州作家的作品中看到一些相似的元素。在此之前我读过东君的小说，他的语言风格和意境就有传统韵味；您有一个作品《孤岛》，尽管背景是现代的生意场，但人物的江湖做派和行文的语感非常有古典的感觉。您个人觉得您和这些作家有没有基于共同的文化底脉上的共通性？包括比如像“永嘉学派”这些历史悠久、文脉深远的温州传统文化，这种共通性又如何表现在创作中？

哲贵：这个问题问得好，我觉得这也可能是所有中国作家的问题。

从小的地方讲如温州。我生活在温州，和温州的作家接受同样的传统，同样生活在海边，喝一样的山水，过着大同小异的世俗日子。可是，每个人的后天认识是不一样的，对人与事的判断是不一样的，观察世界的角度和方法是不一样的，包括为人处世的温度也不同。这些同与不同都会体现在我和这些温州同行身上，也会体现在我们的作品当中。

从大的方面讲如中国，甚至世界，我们的差异首先来自地理，其次才是文化。就像我生活在温州，不论我是否承认，身体流淌着“永嘉学派”的文化血脉。可是，如果从稍微大一点儿的角度看，“永嘉学派”难道不是中国文化的一条支流吗？中国文化是所有中国作家共有的血脉，而“永嘉学派”，我将她看成自己的文化胎记。我希望能将“永嘉学派”作为我观察世界的角度，或者说是一个支撑点，中国文化才是真正的营养源泉。

杪椤：您在媒体工作中好像还亲自出马为民工讨过薪，您最初也写过反映打工者生活的作品，但后来为什么转行写“老板”？这种变化的原因是什么？难道打工者不比“老板”更能反映中国的现实吗？

哲贵：这可能便是我刚才讲的“每个作家都有各自的使命”吧，我觉得写“富人生活和探究他们的精神世界”是我的“使命”，也是我作为一个“当代作家”的基础。

杪椤：您的小说里塑造的人物，大多是商业上的成功者的形象，像《猛虎图》里的陈震东、《孤岛》中的光爷、《责任人》中的黄徒手、刘可特等，可以举出很多，当然他们也经历着人生的沉浮。他们可能未必实有其人，但是一定有这样一群人启发了您，这类人怎样进入了您的创作视野？

哲贵：我的小说人物大多有原型，当然，进入小说后，原型经过“艺术加工”后，变了形，变成一个“艺术人物”，更多时候连原型本人也看不出来。

这些原型人物大多是我的朋友，经常在一起喝酒。我觉得

喝酒过程是无限接近文学状态的过程，这个过程可以让人暂时脱离地面，作身体与灵魂的翱翔。从这个角度说，我非常尊重喝酒的人，他们都是“艺术家”。

杪椤：儒家文化里一直有一种抑商的观念，所以商人形象在中国文学史上并不多见，即便有，也很少被正面描写，甚至多是受批判的形象。《大染坊》《乔家大院》这些影视剧和通俗小说能正视商人的形象，但在严肃文学中表现得并不充分。“改革文学”中的李向南、乔厂长还不能算为自己谋利的商人，他们是肩负国家使命的企业家。按说文学最能反映时代的变迁，过去我们说乡土写作和农村题材是当代小说的主流，现在已经进入了商业消费时代，但当代文学中真正表现商业精神的作品也不多。这有一个文化积淀问题，温州可能是中国现代商业最发达的地区之一，商业文化也最为成熟，所以您的作品关注到商人和商业精神，我觉得也是必然。您怎样看待这个问题？

哲贵：这可能是个偏见，孔子说过：“富而可求也，虽执鞭之士，吾亦为之。”范蠡也是不愿当上将军，而去做陶朱公。但中国的传统社会对商人是有偏见的，这种偏见是社会主流对商人的偏见。遗憾的是，中外文学史上也充满了这种偏见，无论是《红楼梦》还是《包法利夫人》，都可以找出这种偏见的例子，其他的文学作品中就更多了。这应该是我写信河街富人系列的一个起因，是从文学上考虑的。我首先想将信河街上的富人作为一个人来考察，人的优点缺点他们都具备。商人只是他们的职业，是另一种身份。我想告诉读者一个最简单的

道理，并非所有商人都是无商不奸，并非所有商人都是唯利是图，并非所有商人都是“重利轻别离”，并非所有商人都是非黑即白的单一品种。他们首先是人,是拥有七情六欲的复杂的人。我希望我的文学作品中能够这么表达他们。另外，我关注信河街富人有直接的现实原因，我曾经就这个问题回答过一位记者朋友，偷懒挪过来权作回答：我发现写作的土壤就在脚下。我生在温州，长在温州，我亲眼看着这几十年来温州飞速发展，我亲眼看着我身边的一批朋友成为百万、千万甚至亿万富翁，我知道他们是怎么富起来的，在很多时候，我也参与其中,我知道他们的快乐,他们的快乐在很多时候也是我的快乐。我跟他们没有隔阂。但是，这些都是表面现象。普天下的人都知道温州人有钱，知道温州富翁多，温州的别墅多。可是，谁看见温州的富翁们哭泣了？没有。谁知道温州的富翁们为什么哭泣了？不知道。谁知道他们的精神世界里装着的是什么？也不知道。但是，我知道他们的人生出了问题，他们的精神世界也出了问题。这个问题是他们的，也是中国的，可能也是人类的。因为谁都知道，这几十年来，中国发生了什么，改变了什么。这些改变，首先体现在这些富人身上。我想，作为一个土生土长的温州人，一个作家，我有责任把我的视角伸到他们的精神世界里，把我的发现告诉给世人。在这个时代，商人被称为“英雄”，是创造时代的人。正是因为这样，他们身上的疼痛，或许正是社会的疼痛，他们身上的悲哀，或许正是历史的悲哀。

桫椤：您的中篇《信河街》中，黄作品、黄作用、王文龙、唐筱娜，每一个人物都诚实守信，甘愿冒着风险坚守信义，非常令人感动，他们的精神追求都深深地体现着中国传统道义；而从另外的角度看，这也正是遵循契约精神的体现。你也通过另外一些人物形象来表达批判之情，像《跑路》中，陈乃醒利用了王无限的性格弱点将他当作“替罪羊”，但最终还是“搬起石头砸了自己的脚”，反倒是坚守商业道德的胡卫东、姜立娜能够渡过经济难关。在这些故事的背后都有着真实可见的现实原因——现在看来也是“宏大”的历史背景：前者是震动全球的金融危机，后者则是给金融业造成影响的民间借贷危机。这些事件现在仍然在人们的记忆中，但离文学还是有点儿远，可是您信手拈来，直接用现实材料建立起人物的生存世界来，现实经验顺畅地转化为小说，这种功夫简直有点儿“化腐朽为神奇”。您怎样透过现实世界的变化观察到了人心的波动并将之表现在小说中？

哲贵： 多谢杪椤兄夸奖，诚实地讲，我没有“化腐朽为神奇”的功夫，我能做的只能是深入生活，并且尽可能做到不被生活蒙蔽。我观察社会的风吹草动，更观察人物在这种影响下的内心波澜和行为变幻。如果有可能，我会让作品中的人物离开地面作短暂的飞翔，如果双脚不能离地，我也绝不勉强抓着他们的头发奔跑。

杪椤： 说到对现实生活的反映，您的小说建立起了非常坚固的叙事基础，所以给我很强的冲击力。比如《责任人》中写制造打火机的“限流片”，在《雕塑》中写设计、制造马桶，又在《信河街》中写制造皮鞋，更在多篇作品中写制造眼镜，都写到了极为具体的工艺标准和流程，好像您自己亲自从事过制造，人物在细致的物质和技术世界里活动，给人很真实的感觉。您怎样获得这样的生活经验？又怎样考虑这些具体的细节在文本中的作用？

哲贵：我一直认为，一个作家，特别是小说家，首先是个手艺人，活要做得好。"活做得好"有很多种表现方式，譬如语言好，譬如叙述能力强，譬如切入角度刁钻，譬如立意高远，譬如深刻。但我觉得，最最基础的，是一个作家必须了解自己作品人物所从事行业的基本情况，譬如写一个眼镜厂老板，作家未必是眼镜厂老板，但他（她）必须知道眼镜最基本的知识，所以，无论是写眼镜厂老板还是打火机厂老板，我都会去工厂看看，找人聊聊。了解工艺标准和流程是一个方面，更重要的，还是要发现这个行业从业者的特殊生活方式与思维方式。我觉得每一个行业的特点不同，从业者的思维方式也不同，那么，他们看待世界的方式也不同，行为处事更是不同，这样才组成一个丰富的众生世界。

杪椤：具体的器物进入文本，它们一定是一种文学的意象，绝非只是那一件东西，所以感觉您的小说篇篇都像寓言。比如眼镜，它固然是信河街上的一种产业，但在《责任人》里，黄徒手与心理医生董小萱之间微妙的关系就凝结在那一副眼镜上。您觉得这种从实到虚的抬升，关键在哪里？

哲贵：这是一个从虚到实又从实到虚的过程。

从某个角度来讲，我觉得写作和雕刻有相似之处。先是一块石头，得用作家的脑子和手雕刻出想象中的形状来，这还不够，这只是从虚到实。一个真正的好作品，还必须从实到虚。前面是基础，是铺垫，后面是升华，是飞翔。两者都关键。

桫椤：文学在写到商业竞争的时候，一个被普遍使用的词是“商战”，经商就像战争一样残酷；尔虞我诈、钩心斗角、唯利是图这些成语好像可以专门用来形容商人。在有关商业题材的写作中，我们很熟悉某种套路化的人物命运设定，白手起家然后腰缠万贯，之后骄奢淫逸，接着就一败涂地了。这种情节也像“警示恒言”那样，有对现实和人性的批判、警醒作用，也不能说就没有存在的合理性，而且从故事本身来看更有看点。但是您笔下的人物却不是如此，我们称他们是商人，只不过是因为他们所从事的职业，他们还可以被称作“后财富时代”的人。您真正关注的是这些人的精神世界，而不是他们的发家史或衰败史，他们有了钱有了事业，却精神迷茫，迷失了自我，心理世界被财富扭曲了，像《金属心》里的霍科、《责任人》里的黄徒手、《雕塑》中的唐小河、《空心人》中的“富二代”南雨等。您通过小说发出了一个“世纪之问”：有了钱之后人怎么办？当下好像这也是一个非常普遍的社会问题了。您觉得您的写作为被金钱奴役下的人寻找到了可能的救赎之道吗？

哲贵：菲茨杰拉德的《了不起的盖茨比》曾经探讨过这个命题，将近一百年过去了，我们还行走在救赎的道路之上，而且，我几乎可以肯定地预料到，这是一条没有尽头的道路。我

认为这也是文学存在的理由之一。

杪椤：我说这些人物的精神世界被扭曲了，并不是说他们从道德或人性上“变坏”了，反之他们大多数都是有情有义的形象，甚至心怀善良悲悯。《信河街》中发投机财的陈乃醒尽管有道德上的污名，但是他大体上也是一个讲究诚信的人，不一定多坏，最初就跟王无限讲好出了事让他当“挡箭牌”，属于“丑话说在前头”，只是后来形势恶化到他无法控制了，他不得不抛弃王无限。他们中有些人有着令人敬佩的敬业精神，比如像《信河街》中做皮鞋的胡卫东父子，还有《雕塑》中的唐长河。李敬泽曾说您对这些人物“怀着同情但又很可能是怀着最深的反讽之意”，那么您到底是同情还是反讽呢？

哲贵：敬泽先生是当世高人，他能见人所未见，言人所未言。他说的很多话都是意味深长，令人回味。

我也想过他说的这个问题，可能两者兼而有之吧。我在创作之时，对他们并没有特别明确的感情倾向，我只是告诉自己，尽可能用不带偏见的眼光对待他们，挖掘他们内心深处连他们也没有觉察出来的欢乐和悲伤。没错，确实是挖掘，在写作之前，我往往不知道作品中人物的形象和走向。很多时候，我被他们牵着鼻子走。

杪椤：现实世界是复杂的，尤其向来被当作有“原罪”的商业世界。李敬泽说您“省略了，或没有看到很多东西”，那么您故意忽略掉的、在小说中被遮蔽起来的这个世界的背面的东西，让这些人物充满道德和人性的混沌感，比如事实上有钱人并不一定都具有自省意识，也就不一定都有自我救赎的能力。这些人物还是作为您的理想存在的吧？您有没有担心这种写法会让人感到在创造世界和主题表达上有些偏执？

哲贵：没错。我很愿意承认这些人物的出现和存在是我的理想，这也是我从事文学写作最大的动力之一。至于你提的第二个问题，曾经有朋友说，因为我对富人的过分同情，或者说，我对他们的爱，从某种程度上削弱了他们的力量。我很愿意承认这一点，这几乎也可以看作我作品的缺点。但我不担心，也不想在这方面做改进，我倒是希望自己创造的世界和主题更偏执一些，更极端一些，走得更远一些。我愿意在这方面做一些尝试，哪怕是失败的尝试。

杪椤：前边谈到您小说里的寓言感，您的写作应该算是不折不扣的“现实主义”，能够在扎实的现实主义创作中写出有寓言化的作品来，不单纯是对现实经验的文学转化，也仍然需要高超的叙事技巧。当然给作家分类或者划到哪个创作潮流里，跟作家个人是没有关系的，因为真正的作家创作的时候一定不会先给自己一个定位，那样等于画地为牢。“70后”大多受过先锋写作的影响，您在写作中会考虑形式技巧的问题吗？

哲贵：将小说写出寓言感是我的一个理想。虽不能至，心向往之。

我在写作中会做一些形式上的尝试，但大家都知道，形式是为内容服务的，内容不行，形式开出再美的花，也只是一朵华而不实的花。我们现在回过头去看，先锋文学对中国文学的贡献不仅仅是形式的创新，还有对人物复杂性的体察和呈现，更有对世界多元的表达。我觉得后者对我写作的影响更大。

杪椤：从节奏上看，您的小说情节推进是比较慢的，有大量的篇幅用来铺垫，因此就有一种娓娓道来、抽丝剥茧的叙事耐心。就像一个人在赛道上跑步，在冲刺前要有长距离的助跑。您觉得这种方式的好处在哪里？当下是一个快节奏、碎片化的阅读时代，您在写作过程中会考虑读者的接受吗？还是只为表达自己想表达的东西？

哲贵：说不出好处在哪里，我更倾向于一种个人审美。我喜欢用这种方式来呈现我的世界，从容不迫，无所事事，想入非非，层层推进，最后抵达核心。这种方式有点儿像古时外省书生进京赶考，反正时间充裕，一路走，一路读，一路访友，遇到好山好水便停下来游玩一番，只要不误了考期便行。当然，偶尔也会做一些尝试，长篇小说《猛虎图》便是用百米冲刺的方式来写的，几乎整部小说都是在冲刺。写这部小说时，有考虑过读者，希望写一部好读的小说。我觉得基本达到好读的要求了。但也只是偶尔尝试。

杪椤：科技发达导致的媒介变革已经深深地影响了我们的生活，面对载体之变，您认为文学会变化吗？您读过网络小说吗？怎样看待网络写作？

哲贵：文学载体已经发生变化了，表达方式和手段也在发生变化，但我相信文学的核心没有变，它依然是关注人，关注人与人之间以及与这个世界之间的关系。我偶尔也看网络小说，量太大了，只能浅尝辄止。至于怎么看待网络写作，我还是那句话，每个作家都有各自的使命，每位作家都有命中注定要写的作品，那么，只要写出命中注定的作品，至少从某种意义上完成了作为一个作家的使命。我觉得网络小说大概也是如此。

杪椤：请谈谈您近期的创作计划。

哲贵：手头在写一个短篇系列，关于信河街市井人物的题材，陆续写了十来篇，计划中还有几篇，写完可以结集出一本系列短篇小说集。手头还有一个长篇计划，刚开了个头。我曾在温州辖下一个名叫金乡的古镇定点生活，要给这个古镇写一本非虚构的书。我选择写这个古镇，一是因为它是明朝抗倭重镇，建制于明洪武二十年（1387 年），至今已六百三十一年了，时称金乡卫，是朝廷派信国公汤和筹建，与天津卫、威海卫并列的全国五十九座沿海卫城之一。四周城墙在 20 世纪大炼钢铁时期被拆除了，但护城河还是完整的。这是一座充满历史痕迹和气味的古镇。更重要的是，这个镇当年以印刷饭菜票、证书、徽章和商标等小商品出名，是温州第一个经济年产值超亿元的乡镇，是温州经济“温州模式”发源地之一。到目前为止，这个人口不到十万的小镇有七家上市企业，出了好几个在经济领域有代表性的企业家。最主要的是，这个小镇民间的慈善公益成风，无论是上市公司老总还是平头百姓，都有做慈善公益的意念，并且身体力行。我以为，这在当下的中国极为罕见。我觉得，从某种角度来讲，从这个古镇即可以看到中国历史美好的部分，也可以见证中国近四十年来经济发展带来的明显痕迹。我想，我应该好好写写这个古镇。

说到这个古镇，我想在这里多说几句。因为不断深入古镇，了解古镇，我发生了一个疑问，在这之前，我一直以为自己的生活便是当下中国人的生活，我一直是在“生活之中”的，我是“在场”的。可是，去了古镇之后，我产生了一个可怕的疑问，我以前的生活可能是一种虚假的生活，是一种自以为是的生活，只是浮在生活表面，或者，只是将自己的生活作为一种幌子，我并不“在场”。那么，另一个问题出来了，作为一个作家，我所写的人物和所表现的生活是当下真实的中国吗？如果这个问题不能成立，那么，作为一个“当代作家”，是不是得重新考虑自己和“当代”的关系以及“当代”的含义？我觉得这是一个大问题。

对话肖江虹：作家应该写出万物平等

肖江虹，生于1976年，贵州修文人。毕业于贵州师范大学中文系。在《当代》《收获》《十月》《人民文学》《天涯》《山花》等刊物发表文学作品二百余万字，部分作品被《小说选刊》《新华文摘》《小说月报》《中篇小说选刊》等选载和入选各类选本。中国作协会员，鲁迅文学院第十五届高研班学员。曾获鲁迅文学奖、人民文学奖、《小说选刊》年度奖、贵州省政府文艺奖、乌江文学奖等。根据其小说改编并担任编剧的同名电影《百鸟朝凤》，获中国电影金鸡奖、华表奖、全国“五个一工程”奖等。

杪椤：江虹老师好！事实上从多年前读你的小说《百鸟朝凤》开始，就一直期待与你交流，现在终于有了机会，非常高兴。我从百度上搜了下“百鸟朝凤”这个成语，首页结果都是跟《百鸟朝凤》电影有关的条目，而在你个人的词条下，小说《百鸟朝凤》也已经成为你的“主要作品”。看来，你和这部电影都已成“网红”。电影上映过了一段时间了，相比于小说的发表，电影改编和上映给你带来怎样的感受？

肖江虹：对于一个作家来说，作品被拍成影视剧后，其实和作家已经没有多少关系了，它已经变成了导演的作品。《百鸟朝凤》是我写的第三个中篇小说，写完给了《当代》，编辑周昌义老师看完了很高兴，说写得还不错，改一改就可以发表了。相对于做影视编剧，我更喜欢写小说。所以电影上映真没什么感受，去电影院还是一个朋友买了票硬拉着我去的。

说实话，我现在特别怕别人提起这个小说，这个作品所要表达的主题，其实前辈们早就表达完了。比如王润滋的《鲁班的子孙》，比如李杭育的《最后一个渔佬儿》。所以这些年我写了一系列关于民俗的作品，就是希望能在主题的拓展和表达上能有所突破。

杪椤：上半年见到评论家司敬雪，跟他聊起《百鸟朝凤》电影与你的小说的区别。我们有一个共同的看法，觉得电影和小说相比还是有缺憾，电影没有处理好文学语言与影视语言的转换，在情节的推进上显得有些急。你在接受《城市快报》的采访时也谈到电影“向外”展示故事和小说“向内”发掘人物的差别，你也亲自撰写了《百鸟朝凤》的剧本。想听听你的意见，你觉得成品后的电影在多大程度上表现了小说？

肖江虹：影视有影视的局限，小说里面很多细腻的东西影视是没法表现的。如果说电影和小说有共通点，我觉得是气息。电影毕竟容量有限，在两个小时的时间里是无法还原小说的。还有就是导演有导演自己的想法，有他对事物独特的理解。

我写电影剧本时和导演有很多理念上的冲突，我希望能表现得更决绝一些，艺术有时候就是这样，大冷漠才能表现大温暖。但吴天明导演他们那代人，情怀是他们艺术的底色，所以他更倾向于抒发情怀。虽然有分歧，最后还得听导演的，因为他是电影创作的核心。

桫椤：回到你的小说。从《百鸟朝凤》开始，你的写作一直在关注乡村传统文化和传统生活的变迁，像《蛊镇》《喊魂》《当大事》这些作品。唢呐作为民间艺术，以及制蛊、喊魂这些带有神秘色彩的民俗，都走向了灭亡的命运。作为一个有着悠久农耕文明传统的国度，整个乡村变迁的趋势中乡村文化无疑是“衰落”，所以这些作品的基调就是悲剧性的。在这个角度上，你小说中人物的悲剧命运和乡土文明的衰败呈现一种“同构”关系。你的小说放在当下的文学史序列中看，对传统文化的重视，对乡土文明败落的担忧正是价值所在。你觉得呢？

肖江虹：我倒不是这个意思。我觉得人类是要一程一程地往前赶的。我们在赶路的时候，会经历很多美好的东西，比如这些传统艺术，但是该消失的一定要消失。就像两河文明、古埃及、巴比伦文明，多牛，但说没就没了。

再比如京剧。现在京剧更多的是成为一个符号。在很多人眼里，每年春晚于魁智那些人上来哇哇甩两嗓子，那就是现在存在的京剧。当年四大徽班进京，京剧从民间艺术成为庙堂艺术。人民性和民间性失去后，它很快就消失了。

现在的所谓的非物质文化遗产，你保护它也是没用的，你保护的是一个标本，就像夹在书本里的干枯的蝴蝶，你翻开它，你能看到它的样子，但你看不到它飞翔。它已经不是一个活物，它已经死掉了。

但是我为什么要写《百鸟朝凤》，包括我接下来的小说《悬棺》《傩面》，我为什么要写这些小说呢。我就是这样想的，咱们在一程一程地往前赶，就像我们开车旅游经过一个地方，那里有非常好的风景，但是你不能永远停下来看这个风景，你还得往前走，你转个弯，翻个山，这个风景就不见了，但是咱们可以记在心里。比如用文字把它记录下来，然后我们带着这样的美好，累了之后，我们坐下来，想一下，原来我们在旅途里经历过这些美好的东西。

所以《百鸟朝凤》不是挽歌，我只是记录，记录这样一种诗意。人们说民俗代表一种文化，其实这种理解我不赞同，我觉得它代表诗意。所以大家不要这么悲观地认为这个东西消失了会怎样怎样。其实是不会怎么样的，唢呐没了，但是唢呐匠精神层面的东西会附着到其他东西身上。旧的艺术形式在不断地淹没于时间轴上，但是新的艺术形式又在不断地产生。

其实所有的文学作品、电影作品，只是在说事。它只是一个手段，最终的指向是人。为什么人们说电影、小说是个悲剧，因为我们在用笔和镜头讲述人类在时代里面的困境。我们每个人都有困境，作家需要发现困境讲述困境，应该让大家感受到的不光是消失掉的东西，还应该让大家看到天边的亮光。

我们要不断往前走，人类的脚步是停不下来的。停下脚步去盯着唢呐，这没有意义，因为我们的目标在前边。但是在行走的时候，不要忘掉这些曾经带给我们美好的东西，让我们怀着诗意的美好去继续往前赶。

杪椤：张陵老师在给收入“21世纪文学之星丛书”的小说集《百鸟朝凤》的序言中，说你的大部分小说并不过多地讨论文化危机、文化命运的问题，而是中国农民生存困境和命运的问题。但我不这么看，我觉得唢呐班的焦班主、会制蛊的王昌林、会喊魂的喊魂师，甚至能“当大事”的丧事总管等这些人物，他们的身份和命运与乡村文化紧密相关，那就是传统文化的命运。

肖江虹：我们说中国农民的弱势，往往停留在物质层面，其实乡村文化的式微，也是中国农民面临的困境和命运。被抽空了文化的乡村是很可怕的，你现在去乡下看看，一群老人带着一群孩子，暮气沉沉，有种濒死的气息。所以像焦三爷、王昌林他们的文化命运，是他们命运中不可分割的一部分，甚至可能是最重要的部分。我理解一个群体的弱势，不是诸如物质啊这些简单的层面，千百年来积淀下来的内部文化的消亡，才是他们滑向弱势的最大诱因。

杪椤：在你的小说中，城乡之间的对立很严重。在《蛊镇》里，蛊镇的青年人进城打工，并逐渐染上了城市里的恶习，比如王四维居然找了“相好”；传统伦理观念也日渐淡漠，甚至父母去世都不回来。《百鸟朝凤》也是这样，二师兄到木材厂打工，手指头被切掉了；四师兄到水泥厂去卸货，肺受到粉尘污染。《当大事》里青壮年都外出打工，只剩下老弱病残和妇女儿童，乡村“空心”，以至于人死了都找不到有力气的人按照传统丧仪埋葬。这看上去是传统文化与现代性之间的冲突，现代性力量一直作为一个入侵者的形象出现。你怎么考虑这个问题？

肖江虹：我其实没有有意设置所谓的城乡对立。小说描写的都是事实。我不是一个反现代化的人，现代化带给我们很多便捷和好处，但是中国的现代化进程确实是以牺牲一代，甚至几代农民为代价的。没有人去关注现代化带给他们的伤害。所以我想文学还是应该适当介入。

中国的现代化转型，必将有为这种转型做出巨大牺牲的群体。我书写这类人，不是想表现他们有多惨，那没有意义。记录他们，是想表达人类基本的尊严。就像地震后给罹难者竖立纪念碑，在纪念碑上镌刻上他们的名字，这体现的就是人的尊严。

桫椤：乡村遇到的问题，事实上城市也一样遇到，我觉得与城和乡这种地域并没有直接关系。比如你写到的农村“空心”的问题，在城市里是薛忆沩写的《空巢》里的境况。在人的生存状态中是这样，在精神方面也一样，你的小说里面也有这样的例子，比如《阴谋》里的赵武，《内陆河》里的琼花，一个在城市，一个在农村，他们因为外在环境的原因陷入了某种精神的困境，前者被妻子和孩子看不起，后者被公爹用传统观念束缚着，你写了他们如何冲破这种困顿；《求你和我说说话》也很有趣，写一个流浪的精神病人的孤独和苦闷，折射了人的精神困境。

肖江虹：文学说白了，就是写人的困境。在精神上，我觉得谁都可能成为弱势，这和你的地位、财富是没有关系的，和你是城里人还是乡下人更没关系。我理解所谓的文学胸怀，就是作家的笔下不该有假想敌，作家应该写出万物平等，写出属于全人类共有的精神苦痛。

杪椤：问一个文学之外的问题，你觉得中国传统文化或者传统乡村文明的宿命就是消失吗？如果不是，它们的出路在哪里？尽管当下的文学并不一定负有建构新的乡村文化的责任，但我想你一定也有过思考。

肖江虹：还是那句话，该消失的一定会消失。一个地域的文明和文化，其依托是人，人离开了，就什么都没有了。但其精神层面的东西我想还是会长时间存在。比如一个庄子，人们四散而去，有形的文化形态肯定会消亡，但无形的还是在的，这种隐形的文化通过每一个个体去延续，比如教育子女，比如待人接物，比如立世原则等。至于出路，我想没人能有办法，人类文明的发展有它自己的内在逻辑，有时候与其大声悲号，还不如顺其自然。

杪椤：我觉得《天地玄黄》里面有一种力量很重要，就是对历史的反思和质疑。《射雕英雄传》的上演、“严打”等的背景元素表明这个小说的时间定位在20世纪80年代，通过里面那个教师李学儒的言行，还有因为谈恋爱与女友发生关系被枪毙的金大毛和因为救人被判刑的医生王明君等人物，对80年代那一段历史中的社会与个人之间的关系进行反思。你是怎样考虑的？

肖江虹：我遇到一个真实的事情，我们村子里一个孩子，那时候也就十八九岁，干了啥呢？抢劫，抢了一块五毛钱和半盒香烟，然后被枪毙了。村子里没有一个人拍手叫好，而是骂执法者太残忍了。那时候的所谓“严打”，你今天来看，其实是对法制最严重的践踏。这种枉法对整个社会法治进程造成的破坏是难以估量的，连带一起伤害的还有整个社会的心理秩序。

《天地玄黄》有很多不成熟的地方，但对那个时代气味的把控还是准确的。一个糟糕的时代，最大的表现形式是：没有一个个体是安全的。运动式的决绝，伤害的是人和人之间几百年建立起来的基本关系。

杪椤：在《百鸟朝凤》《蛊镇》《当大事》这样为传统唱挽歌的作品之外，你在另一些作品中对复杂、混乱的现实给人造成的生存压力表达关切，小说中底层人沉重而悲苦的命运令人震惊。《我们》这个小说的背景是矿难，为了寻找弟弟消失的真相，哥哥付出了生命的代价，人物以血和生命为代价批判现实中的弱肉强食。我惊讶于你的写法和《我们》这个题目所象征的意义，通过不同的视角将一个故事讲述得玲珑剔透，而现实和人性的复杂则警示我们：我们每一个人都可能是小说中的一个角色，是受害者也有可能是围观者，甚至是凶手。读过这篇小说，我就有一种特别恐惧的感觉，我们的现实在某些方面如此恐怖。我觉得你的这类作品一方面再次体现了“70后”创作的价值，这一代作家与现实生活的关系有着不可调和性，像王春林说的那样，不惧以小说的形式冒犯现实；另一方面则显示出你把现实经验内化为文学经验方面的能力。在这方面你有什么体会？

肖江虹：作家和他所处的时代应该是一种高度对峙的关系。作家要发问，要质疑，要呐喊。这个时代最要命的是没有谁是绝对安全的。我们的生活像是浮在水面上，看似安静祥和，可你潜下去才发现底下的暗潮涌动。作家就该不断地扎猛子，去寻找水面下的真相。

《我们》这个作品，读者的反应是两极的，有的特别喜欢，有的特别不喜欢。喜欢的觉得它完成了现实和技法的无缝焊接；不喜欢的觉得有炫技的成分。说实话，我创作这个小说态度特别端正。“我们”这个词的复杂性，我觉得非得这种形式才能表达。

杪椤：通过阅读你的作品，看得出你有着极强的文体意识。与《我们》那种围绕一个事件通过不同人的视角来表达的方式相似，《平行线》里的两章和《阴谋》事实上是三篇小说，三篇小说拥有一个相通的故事内核，只是叙事的焦点发生变化。这几个小说简直可以被当作小说创作的教材来使用。你怎样想起来使用这种写法？

肖江虹： 刚开始写作的时候，喜欢在形式上搞一些花样，后来慢慢发现搞这种形式不是我的路子。我其实特别羡慕能在形式上搞得风生水起的作家，自己试着搞了一阵子，还是感觉这方面天分不够，然后又不得不老老实实写。我们这代作家大多从先锋开始，现在还在坚持的我都特别佩服。

杪椤： 你从小在农村长大？你的童年生活给你留下了怎样的印象？这对你后来的文学创作有什么影响吗？

肖江虹： 童年对一个作家影响是巨大的。我觉得一个作家的基本情感，童年就完成了。成年后他可以写不同的题材和作品，但是情感基调一般是一致的，不同的只是情绪。我小时候生活的乡村，是典型的熟人社会，人和人之间保有基本的信任和温暖。我们每天在山水之间奔跑嬉闹，建立起来的记忆是立体的，多维度的。比如人和人的关系，人和自然的关系，人和万物的关系。

杪椤： 你当初上大学时为什么选择中文专业？当初有立志当作家的想法吗？

肖江虹： 没有，那时候就是想当一个好的语文老师，但是人生就是这样，不可预设。不像拍电影，可以 NG。

杪椤： 现在很多大学开办创意写作之类的专业，在文学越来越依靠技术和知识的时代，你觉得专业的文学教育对一个作家的成长是必须的吗？

肖江虹： 不是必需的，有些作家靠天赋写作，有些作家靠积累写作。但是文学教育的好处是它可以让作家深度了解自己从事的职业，并且在创作中规避掉一些不好的东西。

创意写作什么的，我赞同徐则臣的观点，技术层面的东西是可以靠训练完成的。但是考究一个作家高下的标准，肯定不光是技术。作家拼到最后，拼的还是胸怀、境界这些形而上的东西。

杪椤：你是大学毕业以后开始小说创作的吗？当初怎么走上了文学之路？在创作之路上，有什么给你留下特别深刻的印象的事吗？

肖江虹：大学期间断断续续写过一些，系统的写作是工作好几年后。幸运的是写作道路上遇到一个很关键的人，他就是《山花》杂志的前任主编何锐。我在《山花》编辑部看过一段时间稿子，他完成了我文学上最重要的飞跃，就是厘清了生活和文学之间的基本关系。

杪椤：您觉得您的写作受到过国内或国外一些经典作家作品的影响吗？

肖江虹：这个肯定的。《金瓶梅》对我影响很大，它对细节的把控，我觉得在《红楼梦》之上。国外契诃夫对我影响大一些。

杪椤：现在社会上好像约定俗成地用“70后”“80后”“90后”这种称谓来为作家分类，按照这种分法，你属于“70后”作家，对于这个代际标签你怎么看？你觉得“70后”从精神上、思想上真的可以自成一代人吗？

肖江虹：代际划分我觉得是评论家们偷懒的做法。文学的异同和年纪其实关系不大，经纬度的穿插交织，其复杂性和多样性是肯定的。如果硬要找一些相同点，可能就是精神气息比较接近，但这其实和文学的表达也没多大关系。我特别赞同前段时间杨庆祥对“新伤痕文学”的定义，他是看到了简单粗暴的代际划分对文学批评的伤害。

“70 后”这批人，我觉得已经显露出了自己的精神气象。慢和耐性是这代人的特点，也是最宝贵的文学品质。

杪椤：看你的小说，几乎每一篇都深刻凝重，我看得出你内心对价值和意义的坚守。在这个娱乐至上的时代，你怎样评价你的个人选择？

肖江虹：我反对把作品写得鲜血淋漓，真正的疼痛感不是来自体表的创面，而是内心的恐惧和无助感。文学应该有一种定力。一个娱乐至上多的时候，文学更应该有一种沉稳和安静的力量。

杪椤：事实上娱乐也未必是坏事，可能我们这一代人不会去做取悦大众的事，但很多时候严肃的东西也会被娱乐化，比如你的作品改编成电影，尽管我们从文艺的角度去理解，但事实上也是一个被娱乐化的过程。你在未来会有意识地在创作中运用一些影视的元素吗？

肖江虹：我天生对电影有极大的兴趣，撇开功利，我觉得电影是另一种表达。我现在就在写一个电影剧本，和导演有很好的默契，就是我们都极力压缩电影的娱乐成分，希望能做一部力量感十足的好东西。

杪椤：现在网络文学风起云涌，在阅读市场上对传统文学造成了不小的冲击。您读过网络小说吗？怎样评价网络小说这种现象？

肖江虹：基本不读，不是说他们写得不好，实在是没时间。网络小说也有优秀的，也是文学存在的一种方式。

杪椤：您一直专注于中短篇小说，未来有创作长篇小说的计划吗？

肖江虹：有，现在就在写一部长篇，估计明年能完成。

对话曹寇：我反对异口同声

曹寇，本名赵昌西，1977年生于南京，小说作者。出版有小说集《金链汉子之歌》等多本，长篇《萨达姆时期的生活》一部，随笔集《我的骷髅》等两册。

杪椤：看网上的资料，您好像是师范毕业，然后教了几年书。这段经历给您最深刻的记忆是什么？对您后来的创作有什么影响吗？

曹寇：没错，师范毕业后我去了一所中学教语文。深刻记忆就是没法融入同事中去，进入不了当代中学教育的现场，始终是一个“旁观者”的感觉。我始终没有评职称，在我的同龄人都评高级的时候，我仍然是初级职称。也拒绝写论文上什么公开课示范课什么的，其实我最不喜欢的是教材本身。

教师经验对我的写作影响几乎没有，如果有，一是我偶尔会写到这段经历，另外就是我的写作是对当代中国语文教学有看法的。

桫椤：我很钦佩您坚持自我的勇气。我也与您有同感，“反当代语文教学”，我的文章被选到语文试卷里让学生进行阅读分析，但是考卷中的问题我自己都不会答！说起来跟笑话一样，但的确反映了语文教学方法存在着严重问题，也许很多少年的文学梦就这样被现在的教学方式扼杀了。已故童庆炳先生论述过作家的童年经验对创作的影响，认为童心和作家的诗心有结构上的对应关系。你最早的文学梦萌生在哪里？你觉得你的童年经验对你走上文学之路有怎样的帮助？

曹寇：我的舅舅是一名作家，对于乡村孩童来说，我接触文字要比小伙伴们多一些，那时候，我隐约觉得我长大了或许也可以像我舅舅一样当一名作家。但这仅仅是一个乡村孩童基于生活对比的“上进心”，毕竟我当作家的舅舅日子比我们家要优越不少。不过，我能独立思考的时候，当作家和当教师都不是我的梦想，在师范念书时，我曾不止一次地想退学逃走，希望像我那些没有继续读书的同学一样去当一名“社会上人士”。但生性懦弱，还是按部就班了。恰恰是当了教师后，因为上述原因，人需要点儿释放，我才尝试把个人情绪转移到写作上来。

桫椤：早期您曾经在网络论坛上写作，堪称第一代“网络作家”。我从“西祠胡同”上找您的资料，发现您在上面从2003年一直写到2008年，不短的时间。最初您怎样开始网上写作的，还记得当时的情形吗？您后来的创作得益于网络写作的训练吗？

曹寇：我的写作很早，我十六岁就在报纸副刊上发表文章了，但我很少提及这些，因为我根本看不上散文随笔这种东西，认为它们只是文字衍生物，不是创造性的写作，或者不是艺术。小说在我看来是艺术。我写小说大概是2002年，不是西祠胡同，而是其他一些网络论坛，比如一拨文学青年们集合在一起搞的新小说论坛（这个论坛涌现了一批颇具风头的作家，比如李师江、张楚、盛可以等），韩东主持的“他们论坛”，杨黎主持的“橡皮论坛”。西祠只是当时我集中存放小说的一个“库存”而已。我能肯定的是，我的写作训练与网络无关，从十六岁我就一直在默默无闻毫无目的地写东西。网络于我只是媒体。

桫椤：看来我从网上搜集来的资料是不准确的。“小说在我看来是艺术”，您这句话的意思是说在文学中“只有小说才是艺术”吗？想请您再深入谈谈这个问题。

曹寇：当然不是，庖丁解牛已经告诉我们，万物万事都可以是艺术。我只是说散文这个东西很无聊。散文并非文体，它最初只是针对骈文而言的。民国期间大概才形成这种东西，是一群大师一群学者偶为之的文字形式。难道梁实秋是散文家吗？梁实秋是教授，是翻译家，多少卷莎士比亚译著搁在那儿呢。那一辈大概也就周氏兄弟、沈从文的《湘行散记》和张爱玲的一些文章是那么回事。注意，这都是些什么人？都是人精。都是“大明白”，都是所谓“自带世界观”的人。他们才不会自称为“散文家”呢。散文这东西发展至今，居然有一个专门从事散文写作的“散文家”群体，这不是笑话吗？在我的文学观念中，诗歌和戏剧应该是独立于文学之外的，就不说了。我的意思是在现有的文学现状中，小说这个行当可能还可以艺术起来。当然，只是可能。毫无艺术价值的小说比比皆是。

杪椤：网络的出现导致文学场发生变化，好像哪个文学体裁都受到了网络的影响。现在网络小说方兴未艾，拥有庞大的读者群，但进入商业化阶段后，网络文学显然与我们最初的论坛写作已经有很大的差别了。不知道你看没看过玄幻文、穿越文等那些网络连载的超长篇小说，你怎样看待网络文学？

曹寇：我对网络文学一无所知，但我相信网络文学之所以拥有众多读者，是有它的道理的，也是我能力之外的。一切都是供销关系吧。我不苛求名利，能养活自己的写作就行了。这个世界上不是每个人都想“成功”的。

杪椤：网络科技和人工智能的发展，文学传统遭遇了前所未有的挑战。继“文学公司”这样的组织出现后，机器人也能“写诗”了，你对文学持悲观还是乐观的态度？为什么？

曹寇：在我看来，文学是品质，不是形式。我们说《史记》有很高的文学性，但它确实是史学著作。我之所见，许多发表在所谓纯文学杂志上的小说毫无文学性可言，而某个流传在酒局上的黄段子可能充满了文学性。此外，文学性遍布影视、音乐等众多学科和专业之中。所以，一首诗，它的作者是人是机器还是动物，毫不重要，重要的是品质。我对网络科技和人工智能毫不担心，我担心的是那些死死揪住文学形式而不知道文学是何物的平庸之辈整天作杞人忧天状。

杪椤：您对文学性有着很纯粹的看法，写作在您的个人生活中居于很高位置吧！由您说的不是每个人都想“成功”，我不免想到您小说笔下的一些人物，他们没有像主流强调的那种高调的、带有表演性的励志性（我认为这种励志性在大多时候是虚假的），但是每个人都过着自主的生活，自己是自己的主人，不随波逐流，我有时就想，这不就是个体的自由吗？我们好像也没有必要都去过一致性的生活。不追求名利的作家现在不是很多了，文学被资本裹挟的趋势很明显，您觉得资本对文学的侵蚀是文学的一种堕落吗？

曹寇：文学不会堕落，堕落的是人。当然，什么叫堕落？这如果仅从世俗的道德框架来看，也就无聊了。资本裹挟的实质就是名利交换，就是贸易，故有“不为五斗米折腰”。也就是说，资本裹挟古已有之，始终没变，只是中国有那么段时间抹去了这个词，现在又冒出来了而已。“歌德体”不是资本裹挟吗？“歌德体”是和权力的媾和，权力带来利益，同样是资本。相比之下，在“歌德体”和市场化写作中，我认为后者可能更光明更坦荡一些。写作是一项能力，靠这项能力寻求利益最大化，并不羞耻，一如木匠打制家具送到市场上卖个好价一样。在这个问题上，我们长期以来认识不清，谋生是谋生，精神生活是精神生活。问题是你明明是谋生，非得给自己立一座精神生活的牌坊，这就可笑了。我倒是觉得在当代中国，作家就应该交付市场，让他们自生自灭。

杪椤：每次读您的创作谈，都是些轻松谈吐的文字，略带点儿玩世不恭。尽管您小说里也不乏这样的语态，但其实您的写作很冷峻又很严肃。我该怎么看待这种错位呢？

曹寇：事实上我并不觉得自己玩世不恭，如果有，那可能是我和这个“世”在许多问题上的看法略有不同。这倒是真的，我不看电视，也尽量不上网看新闻，努力不关注微信朋友圈，因为看了我就会生气。我只能努力要求自己，比如我不希望自己做一个八面玲珑人见人爱的人。我推崇陶渊明“路边两高坟，伯牙与庄周”这样的气魄，我推崇林黛玉的刻薄尖酸以及她的死亡，我喜欢布考斯基决绝的态度，也仰慕圣贤的仁恕之道。难道这不是所谓的多元化社会吗？我能养活自己，没有蓄意地去伤害任何人，然后我自认为有我自己的追求，这有什么过错和不对呢？所以说，你提到的“玩世不恭”及冷峻和严肃，在我这里完全是一回事，并不“错位”。

杪椤：前几年读您的小说集《躺下去会舒服点》，满眼青春躁动和看上去无厘头的故事，但是又莫名其妙地让我喜欢。后来发现陈晓明老师说您是“无聊现实主义”，你认同这种说法吗？

曹寇：陈晓明我不认识，当年他是应《文学港》杂志之邀给我的小说写评论，相信在此之前，他对我闻所未闻。在我看来，这只是他作为评论家的一单“活儿”，他必须得针对我的小说写点儿什么。我个人倾向于认为他是看了我的小说之后有点儿“无语”，才弄出个“无聊现实主义”来应付的。这显然不存在褒义，当然也未必有贬义。后来出书，书商可能认为陈晓明是个“权威”，“无聊现实主义”也是个独一无二的概念，用来作我的标签大概有益于卖书吧。我的意思是，“无聊现实主义”与我毫无关系，我不懂理论，对理论毫无兴趣，我不可能去认同和强化它。我只能写自己能写和想写的那么点儿可怜的东西。

杪椤：不知道我理解得对不对，您小说里写到的人在现实的某种生存状态，它是作为价值和意义的对立面出现的，使小说朝向了对生存意义或者至少是生活意义的消解。你想过没有，这种选择会不会降低小说的价值感？你怎样在小说中平衡反映现实与表现自我之间的关系？

曹寇：小说的价值在我看来其第一要务就是可读性。当然，可读性也分读者。比如说，有的读者就是爱读玄幻的，那么我的小说对他们而言，当然毫无价值。有的人坚持读《平凡的世界》，我的小说对他们也没有价值。也就是说，在世俗层面，价值不是恒定的，有的作品可能能作用于大多数人，有的作品则相反。这没有高低贵贱之分，只是受众和取向问题。就好比同性恋，他就是喜欢他而不喜欢她，这已经不再是疾病和罪过对不对？当然，在世俗层面之上，我坚信还是有恒定价值的。不过，谈这个就不是三言两语能讲清楚的了，就不多说了。在这个恒定价值层面，如果我的小说价值不大，那是我的觉悟不够能力太低，只能自惭形秽了。

杪椤：您笔下的人物尽管没有那种否极泰来的命运转折，

像在多篇作品中出现的“王奎”“张亮”这些形象，但他们却动人心弦。我曾经想为什么我会对您塑造的这些人物深信不疑，能从这些形象身上体验到代入感，也许是因为他们隐喻着现实中另外一种我常见却鲜有人写的人生或者是我们每个人的背面，感觉您的小说揭示出了我们的短处。你觉得这才是现实或者人生的真相吗?

曹寇：这么说吧。我的小说从来不追求“意义”，说成反“意义”也不为过。如果这个世界有什么“意义”，我觉得不是追求来的，甚至不是发现的，是赋予的。苹果掉在人的头上，其意义是什么？没有任何意义，但牛顿赋予了它意义。小说也是这样，在我看来，作者应该尽量避免训示意义，虽然作者的价值取向和意义传递是无法避免的，故而隐秘其意义应是本分。作者相对正确的作用是呈现，呈现有意义或无意义，但此意义非彼意义，彼意义应该由读者去赋予。当你感同身受，当你的身体发生了反应，毋庸置疑，这篇小说就具备了意义。

我并非蓄意地写每个人的背面，也并非要揭示我们的短处。在我这里，人的可悲性和卑微只是一个人的基本属性，我写的就是这个基本属性。也可能与我的兴趣有关，我对基本属性更好奇。我们难道要背离自己的兴趣点吗？非得扭着自己去做自己不喜欢做的事，这就是自虐吧。现实和人生的真相有很多种，我关注和描述的只是其中一种。我反对异口同声。

杪椤：您曾经说过“一篇小说如果丧失了诚实性，它就完全不能成立”，像《市民邱女士》《屋顶生长的一棵树》这些小说的视角，我觉得正是诚实的体现。不虚妄，不矫情，不为现实和人性涂上任何价值的伪装，就那样照直表达你眼中的真实。总体来看，你对现实始终持有批判性立场。

曹寇：我追求诚实性，但不代表我的小说有多诚实。我自己知道，我与诚实相距甚远。诚实性是个很复杂的问题，甚至是个哲学问题。谈这个对我来说有点儿费劲，所以简单点儿说。在我看来，诚实性最核心的一点就是真。真不仅是合乎逻辑的真，关键是跟作者“贴”。更高层面的诚实，就是谦卑，就是努力，就是精进，是道心，而非对权贵和势利这种世俗浊物的追随。我们说真善美，它们各自为政，又互为因果，兼三位一体。无真无善无美。一件宋代瓷器，我们都说这个东西真美啊，仔细想想，它何以美？盖因其善，何以善？盖因其真。我说的可能有点儿虚了。那么我们不妨就从字面上来理解。做人，你诚了吗？你实了吗？作文，亦然。你花哨你炫耀你愚昧你抖机灵你卑劣下作却不自知，还摇唇鼓舌振振有词自我感动，正所谓撒泡尿照照自己吧。

至于批判性。这甚至不是一个作家的基本素养，而应该是一个人的本能。几乎可以说，历史上遗留下来的所有文学作品都具有批判性，批判性是人之为人的地方。也正是因此，强调批判性纯属多余。没有批判性的好的文学作品有吗？我看没有。欧洲 19 世纪的“批判现实主义”与当时欧洲的环境有关，但归根结底是一种评论者的政治命名，与文学无关，与那些作家大概也没有多大关系。巴尔扎克的伟大不在于批判，而在于向我们提供了19世纪法国人的生活图景。如果你仍然觉得他写得好，那是因为人同此心，人还是那个德行，这是超越时空的。

杪椤：您的大部分小说取材于日常，甚至就是日常经验的再现。但是与我们通常所见的营造故事的写法完全不同，您并不着意于从日常中发现和建构起跌宕起伏的传奇性故事来反映现实，而是用极为通俗的语言描摹现实常见的生活场景。您好像很赞赏《红楼梦》那样“生活流”的写法，您在文章中也提到过。您怎样理解日常经验、故事和小说之间的关系？

曹寇：日常经验是一个相对说法。溥仪的《我的前半生》对我们来说，写的就是非常经验，但对他来说，则就是日常经验。我非常喜欢溥仪的这本书，我认为它是当代汉语的杰出文本，其文学性非一众平庸作家可比。但这里有一个问题，溥仪为什么不写曹寇写过的东西呢？这就是我们日常经验的不同。皇上写文章遵从的是自己的日常经验，我们何德何能非得舍弃自己的日常经验而言其他呢？我这么说并非说我们不能写日常经验之外的东西，当然可以写，比如传记，比如历史题材小说。但这需要依托大量的文献工作。对于一个作家来说，写日常经验既方便也顺理成章，更合乎诚实性。鲁迅写的所有小说，哪怕是《故事新编》，你会发现，他描述的所有生活细节和人物形象，都来源于他的日常经验，鲁迅是诚实的。相反，你读郭沫若的《屈原》，就会发现全是空洞的抒情语句，毫无诚实性可言。在我看来，留存下来的好小说，基本可能理解为作者的自传，经验自传和精神自传。

有人说，你被热水烫了，这是认知，下次遇到热水你避开了，这就是经验。经验实为是万物之母。没有经验，世界是不存在的。也不会有故事和小说。故事和小说的唯一区别就是：故事就是讲故事，它不是艺术，讲故事有叙述技巧问题，小说也有，但小说不满足于讲故事，因为它是艺术。

杪椤：“70后”作家可能是受先锋文学影响最大的一代，当然作为一个文学史概念，“先锋文学”的产生有其特殊的历史和现实背景。除了您说的在论坛写作时受到同代人的启发，中外古典和现当代文学传统、先锋写作等对您的创作产生着怎样的影响？

曹寇：我们现在所说的先锋文学是一个极其狭隘并已暴露出腐朽本质的东西。不妨一说。先锋文学是指20世纪80年代中后期形成的一种写作方式，大概到90年代所谓的新写实主义出现而告终。这一时期的写作具有很强的学徒性质和致敬色彩，“翻译体”是其文字外观特点。何以如此？我想与“文革”结束后的大面积翻译西方著作和如饥似渴的阅读有很大的关系。西方大师以及各种文艺思潮蜂拥而入，写作者们不可能无动于衷。不过，它的寿终正寝或戛然而止也说明了一个严重的问题，那就是这种写作普遍不贴现实生活，包括我说的“不诚实”，以至于有的还成了文字游戏。这批作家后来纷纷转型也说明它难以为继。一方面，它是捏着腔调在“做”小说，而不是写小说；另一方面，对于读者来说，它的可读性和可感受力是成问题的。先锋当然是个好词，也是一切创作的内在动力，而绝非词句和概念在作祟。我对先锋的理解是，它是一种勇力，实验和探索才是其行动准则，它的趋向是“道”，抑或真理。在这点上来看，《红楼梦》就很先锋。最近我读了诗人杨黎的一个中篇《双抠》，非常震撼，我可以肯定的是，这才是我目前看到的中国当代文学中最好的先锋文学。

当代作家中，我只看能看得进去的东西。比如我不看期刊，就是因为期刊里很少有吸引我的东西。古今中外的作品，我当然也有所涉及。我喜欢的作家和诗人很多，他们都对我有影响，我经常默默地恬不知耻地引某位早已死掉的家伙为朋友。看过了，还会看，老友重逢，风雪故人来嘛。不过，我要强调一点，中国外国，当代古代，对我已经不重要了。凡是看得懂的，看得动的，在我这里，只有写得好的，只有有意思的人。在我看来写得差的，没意思的人，他们就不是我的朋友，我犯不着在他们身上浪费时间。

杪椤：回首你这些年的文学之路，你觉得这中间经历了哪些创作上的转折？

曹寇：我的文学之路就是我这些年的生活之路。最初我作为一名教师，业余时间在文学 BBS 上玩，张贴小说。之后，文学 BBS 过气了，杂志开始零零碎碎发表我的小说了。再后，我开始了撰稿人的生活，除了小说，还给报纸和网站开设专栏，接各种约稿。然后就是眼下这个情形，小说集一本接着一本出版，偶尔也出席一些文学活动，吆喝自己的新书什么的，生活似乎比以前热闹了不少。我觉得眼下这个情形不太好，或者不适合我，在我看来与一个工具没有本质区别。我是说我不喜欢这种生活，不喜欢动荡、喧嚣、花哨的日子。具体到我，就是读读书，看看电影，能写就写点儿，写点儿让自己满意的东西，不能写了，在物质条件允许的情况下，吃喝玩乐，了此一生。我现在就是想稳定下来。

杪椤：您怎样评价您自己的创作？

曹寇：这个问题其实不便自己回答。我对他人的写作不是很关心，对自己的写作状况也很少扪心自问。但可以肯定的是，我对自己的东西还不满意，我认为自己没有写出我认为的好东西。当然，就算我对自己的东西满意，写出自以为是的好东西，也没什么了不起的。苏东坡说“取之无禁，用之不竭，是造物者之无尽藏也”，说得对。张献忠又说“天生万物以养人，人无一德以报天”，也对。消费并愧疚着吧。

杪椤：中国文学是一个很喧嚣的话语场，一会儿有人说我们的当代文学已经达到了一个很高的水平，一会儿又有人说很多当代作家的作品是垃圾。可能也是因为评价的标准不同。具体到小说这个体裁，您眼中的好小说是什么样子的？

曹寇：这种喧嚣都是媒体在喧嚣，媒体嘛，需要话题，需要制造话题，否则报刊卖给谁呢，点击率和流量靠什么？评论家可能比较适合媒体，评论家的存在方式决定了这一点。时代确实发生了很大的变化，这种变化最明显的就是刷新速度，作家概莫能外。所以我也理解作家们作为共谋掺和到这场由媒体、评论家组织而成的喧嚣话语圈中去。存在感，出镜率，都会带来好处吧。在我看来，这只是众生相，无所谓对与错，在某个角度来看，古今中外也一直这么喧嚣。我个人可能希望自己少掺和喧嚣吧，正所谓，我想静静，别问我静静是谁。

我眼中的好小说还是那些，曹雪芹《红楼梦》、蒲松龄《聊斋志异》、鲁迅《在酒楼上》、阿城《棋王》等。国外的福楼拜、契诃夫、加缪、福克纳、卡佛等。太多了，群星闪耀，让人感动。

对话陈集益：写下我亲历的时代

陈集益，1973 年生，浙江金华人。中国作家协会会员。高中毕业后做过多种苦力。2002 年起“北漂”至今。有中篇小说《城门洞开》《野猪场》《吴村野人》《人皮鼓》《驯牛记》等，见于《十月》《人民文学》《收获》《花城》等刊物。出版有小说集《野猪场》《长翅膀的人》，长篇小说《金塘河》《金翅鱼之歌》等。现居通州。

杪椤：很少在媒体上看到你谈自己的小说。我们见面的机会也少，不知道你平时在生活中会不会与同行谈论自己的作品呢？作为作者，你怎样定位作品与你个人的关系呢？

陈集益：很少看见主要在于我目前是个边缘作家，上媒体的频率就比其他作家低。当然这种情况主要由我自己造成。我性格比较沉闷、无趣，不太爱说话，而且对自己的文学见解缺乏自信。毕竟我是野路子出身，有时候想谈不知道从何谈起。

早年刚写作的时候，我就一个人默默地写，没有文学导师，没有相互切磋的文学圈朋友。这个过程很长，中间遇到过帮助过我的刊物编辑和看到我有写作潜力的文学前辈，但是主要通过写信做有限的交流。后来有了手机、QQ、微信等，却发现这些工具并不适合我做交流，因为这种即时性的信息，中间会出现许多停顿、客套，东一句西一句，简单化、碎片化。电子邮件是我比较喜欢的交流方式，有什么想法，自己在一整块的时间里一股脑儿写好、发走，能保证这个过程不受外部因素的干扰。所以，这次我们的对话采取电子邮件的方式进行，我想我会答得比较有头绪。如果你真坐在对面，我很容易跟着你的观点甚至情绪跑。文学交流于我而言，有一种潜意识里的私密性。不是随便几个人凑到一块儿就能谈开的。它需要一种坦诚，愉悦感，毫不保留，最好在审美和价值观上能够相互包容的人之间进行，而不要演变成一方想压倒对方、一方屈从于另一方，那就没有意思了。因为这个原因，我平时很少跟人（特别是那些掌握话语权的权威人物）交流，也很少把自己的观点强加给别人。但是作为一个文学编辑，有时不得不跟作者谈一部小说的修改，意见提出后往往要叮嘱一句，如果不愿修改（或者一时间无法理解我说的话），最好换一篇新作品给我。

关于我和我的作品之间的关系，如果针对创作本身，作品就是我的思想和立场的体现。平时我的创作时间非常少，我力图在有限的作品里传达出我真实的想法、人物精神处境、社会批判、爱恨情仇什么的。我有文以载道的传统思想，每写一篇作品都会考虑它的社会意义，以至于为此呕心沥血。但是作品写出来之后，基本听之任之很少去推广，大部分原因上面已经讲到了。另外，我允许读者对我的作品漠视。我想读者是自由的，他有权利不看或者误读我的小说。

杪椤：你是因为热爱，还是什么别的原因促使你开始写作？文以载道，对你来说意味着什么？

陈集益：我以前写过一篇《我只负责记录我的那一部分》的创作谈，大意是：我的写作不是纯粹热爱文学。我决定写作时都挺大年纪了，之前除了在语文课本上读过文学作品，进入社会后一直在打工，几乎没有看过书。我是在社会上遇见太多不公，心里有些压抑和愤怒，有了表达的冲动以后才走向文学创作的。刚开始还不是小说这种形式，而是模仿崔健、何勇、张楚等人的摇滚歌词，写一种类似歌词又有点儿像诗句的文字。我在这里说一件特别窘的事。大概 1996 年还是 1997 年，我在打工之余写这种文字好几年了，有的“歌词”还被我“谱了曲”。我不会五线谱，是根据自己脑中的旋律把歌词直接录在磁带上的。有一天，我很希望有乐队或者唱片公司采纳它们，让更多人听到我的呐喊。于是我买了去上海的火车票。那时候我知道北京搞摇滚的人很多，但是感觉离我太远了，有不现实感。而我发现就近的上海就有唱片公司，我就根据高林生（这个歌手肯定很多人不记得了）一盒磁带封皮上的地址，找到一家什么唱片公司。还真有一个人接待了我，然后带我到了一台设备前，把我交给他的磁带插了进去。也不知道冥冥之中有神灵让我脑子清醒，还是有意让我出丑，磁带刺刺啦啦发出各种杂音，就是没有我的歌响起来。那个人显然发现我不是专业人士，几次扭头打量我，我的汗就唰唰地下来了。我在一瞬之间失去了信心，羞愧难当。当歌声突然冒出来时，我大叫一声“停止”，要他把磁带退出来。他把磁带交还我的时候说：“你怎么可以这样不尊重自己的创作？”我无从知道他这是给我台阶下，还是劝我不要白日做梦。总之，坐火车回去的路上，我决定再不写歌词。再后来，各种机缘巧合让我选择了写作。主要还考虑到它成本低，不用跟人合作，不用借助什么设备。我的目的也简单，就是要写下我亲历的历史，反映我们的时代，书写那些被损害与被侮辱的人，他们的血与泪。可惜到现在为止，我没有做得很好。

桫椤：这种“囧事”我也做过。在一个什么杂志上看到外地一个残疾人励志写作的事迹，于是费尽周折找到人家的联系方式，给人家写信。人家给寄了书来，我还把读后感寄去。现在看也是蛮“囧”的，但想来也是青春躁动的表现哈！在你选择文学之后，古今中外哪些经典作家对你产生过怎样的影响？

陈集益：最初，卡夫卡、鲁迅和余华对我创作有过影响。后来又读过堂吉诃德、福克纳、马尔克斯、加缪、科尔维诺、布尔加科夫、君特·格拉斯、胡安·鲁尔福、芥川龙之介、巴别尔、肖洛霍夫、奥威尔等，我们大家随时都会挂在嘴上的这些作家的作品。我刚开始学习写作时，因为没有固定住所，一些书是在图书馆借着看的，大多忘记了。后来有了书房，购买书的时候就把这些作家的书买了回来。我天生记性差，能想起他们来，说明我确实研究过。我那时候也是逼着自己去读，应该也是读懂了。后来，我就越来越不爱读书了，“屌丝”的本性暴露无遗，近些年流行卡佛、莱辛、门罗、奥康纳，包括今年获诺奖的黑石一雄，也不知道怎么搞的，我会读着读着睡过去。一是可能人到中年，精力衰退；二是刚开始形成阅读习惯的时候，我接受的都是高强度或者超常规写法的那类作家，然后再掉过头来看在日常生活里捕捉琐碎细节的小说，不来劲。这就是上述作家给了我一些好的影响，比如注重小说的想象力、推动力、炫目感的同时，又给了我一些不好的影响，就是看那些琐琐碎碎、黏黏糊糊的小说很吃力。好在我整个阅读量不够，比如像《红与黑》《卡拉马佐夫兄弟》《日瓦戈医生》等作品以前都没看过，还包括托尔斯泰、索尔仁尼琴，这两年刚好找出来补课，从而可以不看眼下流行的书。

桫椤：通过读的书就看出来你是个不随波逐流的人。到目前为止，你觉得写作在多大程度上实现了自己的理想？关于生活的，或是关于文学的。

陈集益：现在有个流行词叫不忘初心。就这个初心来说，我的所有小说几乎都在表现我们身处的这个时代，书写底层人的苦难，普遍性的社会情绪，等等。但是，不忘初心是一回事，心有余而力不足、没有写出理想中的作品是另一回事。我只能说，我有写作理想，也就是我的写作始终是与那个我关注的群体联系在一起的。在选择题材和写作的动机上，一直朝着这个理想在走。但是还远远没有写出理想中的作品，可能以后也达不到。

杪椤：我知道你经历过艰难的打工生活，像《人皮鼓》里写到的那些打工生活片段，残酷到几乎让人读不下去，我是强忍着剧烈的生理反应读完的。在我的阅读生涯中，还是第一次有这种感觉。我也曾经见过血腥，但你的文字比现场的血腥还恐怖——也不只是令人恐惧，而是绝望，对人性的绝望。你为什么选择这样一种写法？

陈集益：我记得就苦难我说过这样的话：苦难不是计量单位，苦难对每个人的感受其实是不一样的。就我而言，贫穷的童年，有限的教育，理想的破灭，被故乡驱逐，在城里受难，前途无望，无力抗争，那种压抑绝望，至今想起来都让我感到窒息、暗无天日。苦难施加于人的程度，跟受难者采取应对的态度有很大关系。比如有一种苦难是人在社会上受到不公正对待，一个人（或一个群体）被迫卷入其中，假如有人采取默认、屈服甚至主动奴化，可能苦难于他就会擦肩而过，或者像拳头打在棉花上。而如果你选择直面苦难、不屈服于压迫、奋力挣扎，就会加倍地受伤。我的情况属于后一种。

我高中毕业、十九岁就离开家乡，自己进城谋生去了。这之前，我没有出过远门，没有见过花花绿绿的世界，连普通话都不会讲。所以初涉社会的过程显得特别凄苦无助。另外，我的整个读书期间接受的是“实现四个现代化”教育，唱的歌是“二十年后我们来相会”之类，从小对未来社会充满美好的期许。我想我们作为同龄人，你也有过这样的想象，十年后我们国家如何进入现代化，二十年后我们如何为国家做贡献；其中有一门课，还专门针对资本主义国家的剥削进行批判，比如资本家如何最大限度地掠取剩余价值，延长工人的劳动时间、增加工人的劳动强度等，让我对资本家恨之入骨。但是，我们浙江人搞工厂比较早，加班是常事——我就是因为无法想通这类知识与现实之间的对应关系，产生了很多困惑，与这门课的老师产生了争执，后来就开始厌学。而我踏入社会，偏偏要直接面对这个世界观问题，见证现实与理想的反差。《人皮鼓》与这段成长经历息息相关，有许多细节是真实的，但是关键部分“剥人皮”是虚构的。为什么要虚构出这么个极端的情节？主要在于我是把这个情节当作一种象征或者说时代征候（+症候）来写的。因为在整个 20 世纪 90 年代，那种原始积累过程，我以为就是“剥人皮”的过程。在这样的设定之下，小说中的那种残酷与绝望，没有一点儿夸张。

其实，在写残酷与绝望的同时，我也着重写了仇恨。因为我感觉仇恨也是我们这个时代，或者说是历史遗传给我们这个时代的一个症状，还包括我以前反复书写过的荒诞，我习惯让它们对小说形成一个整体性的笼罩。这种笼罩就像卡夫卡的《地洞》中小鼹鼠对巨兽的恐惧，犹如梦魇，无处不在。我不知道这叫什么写法，我习惯抓取一个事物的征候、症状，当然如果能抓住其本质就更好了，然后创作就在它的笼罩下进行。因为我自己比较清楚，就我的知识储备是没有能力正面书写历史的，但是我可以尽其所能地表现，比如有一个人生了个疮，我没有能力从医学角度来分析治疗，但是我力图写出它的症状，患者真实的体验，“负责记录我的那一部分”。

杪椤：《人皮鼓》里人物的遭遇在你的小说里是比较极端的。可能正如你说的，更多的是一种征候性书写。但是像《被证明死亡的人》，就要与现实生活贴合较多。你觉得小说里的毛宗文、陈厚良的命运触及这个时代的本质了吗？或者说，这个问题是否可以放大到你的个人经历上，它是你个人的遭际还是时代使然？

陈集益：这篇小说现在我自己有点儿不满意，因为它更多地流于讲故事了。这样的外出打工被骗、小包工头要不到债被逼自杀等事件，不论在新闻报道里还是“底层文学”流行时的小说里，都有大量的反映。这些人的不幸遭遇有它的社会背景。由于城乡之间、沿海地区与中西部地区之间经济发展不平衡，又由于户籍制度造成的就业、福利歧视等原因，农民工一直处于城市最底层的阶层。比如我当年在私人企业打工，就属于这一群体中的一员，被黑心老板强迫加班加点，完了还要克扣工资。这个群体的遭遇，好像在 2005 年前后一度引起相关部门的重视，甚至有官员出面为农民工讨薪。可是由于根本性的政策制度没有改变，这么多年来他们的境遇并没有变好。就在前几天，不仅仅农民工，而是整个比较贫苦的、租住在城乡接合部的流动人口，都被有些人冠以“低端人口”的称谓了，听了真不是滋味。他们的遭际肯定不是个人的原因。

杪椤：可能正是因为你出身农村，又在社会底层的群体中生活工作过，你的小说无论对打工生活还是对乡村生活的呈现，都带有很深的“苦难叙事”调子，这种在“70后”作家的写作中并不常见。

陈集益：我的小说确实是比较苦兮兮的那种，这是没有办法的事。因为我看到的世界就是这么灰暗的，人活着就是这么艰难的。而我又这么忠实于自己的内心，连一句谎都不想撒。尽管因为职业的关系，我现在读多了色调灰暗的稿子，有时候还挺渴望读到一篇温暖的、讲情调的稿子。因为文学杂志确实需要呈现一种多样性，编辑不能以打上个人烙印的目光打量作品，更何况主流文学的奖项也主要颁给暖色调的作品。这是我对这类作品比较客观的认识。但是我没有想过改变自己的风格，因为我的写作正如上面提到的，是因为在社会上受了苦、看到太多不公，是因为精神压抑有了表达的冲动才写的，而不是受了文坛风向标的影响。所以这个“苦难叙事”，也可归结为“文以载道”的副产品。我愿意一个人走在这样一条孤绝的道路上。

杪椤：除了那些打工题材、乡村题材的小说，你也写过城市题材小说。《逃跑》《恐怖症男人》《天堂别墅区》《蛋》等把故事背景放在了北京。这些小说是你在北京的生活印记吗？

陈集益：基本是的。不过，这类题材的小说我写得不多，而且基本是采用戏谑、自嘲的方式写成的，有些荒诞和变形的成分在里面。所以，评论家赵月斌曾经把它们归结为“北京怪谈”。

杪椤：你怎样看待个人经验对创作的影响？

陈集益：我是一个非常注重个人经验的写作者。第一，我没有纵横古今、旁征博引、大开大合的叙事能力。比如王小波的《红拂夜奔》，这样的小说构思我可能也能想出来，但是写不了，就算写了也没有他这么丰富绚丽。第二，就是我的写作起因，一开始就是从我个人遭遇和见闻生发的。你可能会发现，我的小说甚至大多是以“我”讲述的。鉴于文学创作的普遍规律，我以为一个作家的先见之明，不是知道自己的长处在哪儿，而是知道自己的认知局限、经验的盲区在哪儿。毋庸置疑，一个人的兴趣、学识、世界观、价值取向，还有经历、视野、思想深度、自身的综合能力，决定了他选择写作的方向。反过来，写作方向决定他对素材的选择。就我而言，我只能选择自己最熟悉的，而且与我的思想和立场相一致的素材进行书写，其中，个人经验对小说的成败起到了决定性的作用。

杪椤：除了个人经验，我还想跟你谈谈视角问题。你的小说中有十分明显的童年视角，被用来观照成人的世界。“苦难叙事”在你的小说里，很多时候是通过童年视角来呈现的，比如《洪水、跳蚤》《离开牛栏的日子》《杀死它吧》，里面对小孩子渴望吃到一顿肉有十分传神而又令人伤感的描写。你觉得童年视角对于叙事起着怎样的作用？

陈集益：童年视角本身是很受限的，比如他不能懂很多事，比如他还没有掌握大量词汇，叙述语言很难把握。但是它能在关键时候产生作用，比如你说到的在穷苦年月里想吃肉，只有小孩会馋得那么迫切、心无旁骛、不计后果。当然更打动人。

还有儿童视角另一好处是可以“装”，对有些事作者想让他不懂，他就可以不懂。这个视角类似《傻瓜吉姆佩尔》中的吉姆佩尔，你说他是傻子，也可以说他是智者也。所以用傻子、心理病人、儿童、动物做视角的小说，在文学史上非常多，确实能起到事半功倍的作用。我用这个视角写小说时，一般要配上“多年以后”的“我”，也就是这个视角表面上是儿童的，其实真正讲述者是个成年人，这样文学语言会丰富也更书面化一些。这是一种成年与童年交叉进行的叙述，这里面既有成年后的思想深度，又有童年时期的深刻体验，两者之间转换过程比较自由，我自认为我是运用得比较娴熟的。但是长此以往，又难免带来一个惯性写作的问题，我用这种方法用得太多了。

杪椤：你笔下的人生阴沉、晦暗，甚至濒临绝境，这似乎得自于人性在严酷环境里发生的异化，《人皮鼓》里那个说“我就喜欢看见他们那一瞬间害怕的表情”的人；《第三者》里的马东和黑子都是这样。人际关系也复杂嬗变，像《野猪场》里的陈德方，平常是一个投机分子，但是当“我”和祝小乌出狱后再见他，又露出善良的一面。你怎样考虑作品对人性的批判？

陈集益：对人性的批判，比起对社会丑恶现象的批判，我以为要难上不知多少倍。对人性的观察，其实我不擅长。人性太复杂了。如果说小说中有体现出人性的多面性，并且显得真实，更多地依赖于我对人物内心的推理与想象。比如《第三者》写的是一个特殊的家庭，我只能像演员要去演个角色一样，一遍遍地揣摩。如果不是这样，那么就是我写的人物是我熟悉的人，这些人深深地刻在我的脑海里。比如《野猪场》里的陈德方是有人物原型的，人性的复杂是随着故事演绎自然伴生的。再一个就是像鲁迅说的，为了塑造一个丰富的人物，集几个人的性格于一个人物身上。对人性的批判，我还是一个初学者。写作《第三者》的过程，是我对人性挖掘有了第一次自觉，之前甚至都没怎么想到过这个问题。在这个故事中，患病的前夫、不忍心抛弃前夫的妻子、为了照顾前夫和不让家庭崩塌而特意招来的现任丈夫，形成了一个特殊的家庭，最后这三个人都陷入了伦理、情感与欲望的困境。我想，在小说中要完成对人性的拷问，把人物推到绝境算是一个比较简便的方法吧。

桫椤：的确，你的小说极擅长把人物推到绝境里，尤其是一种面临选择时两难的绝境，《第三者》《杀死它吧》最为典型。阅读时我真是替人物担忧，怎样做都不行，最后走向悲剧。这是一种有自觉的文体风格上的选择，还是你把现实的人生隐喻在小说里？

陈集益：隐喻，象征，怪诞，变形，笼罩，暗示，互文，投影，征候式抓取，寓言式写作，伪装成先锋叙事，等等，我觉得这些既有的或者我现编的写作技巧，是我们今天的写作者有必要掌握的。以前我们提到叙事技巧、文体革命、文本形式什么的，往往想到的是“先锋文学玩过的那一套”。事实上不是这样，这些被现实主义作家轻视的技巧，是可以帮助我们更深入地书写历史、反映时代，为表达现实内容服务的，它早已经不是“玩过的那一套”这么简单。尤其在今天，我们可以借此将敏感题意匿藏或弱化，将真相以另外的隐晦的方式传达出来。这样的小说我还真写了不少，包括你提到的这两篇。比如《杀死它吧》，在故事完整的基础上，我其实一直在强调那条血泪筑成的大坝，主人公（或者说大山里的群众）陷入绝境的原因，主要在于人工水库这个庞大意象的存在。事实上，一条自然之河突然被大型水库拦腰截断，外面的人进不来、里面的人出不去，然后所有人都陷入困顿之中，是很多人经历过的生存记忆。又比如《第三者》中的"一女侍二夫"的奇怪组合，甚至都无法用惯常的道德伦理来评价，而这三者之间相互抵触相互折磨又是必然的。所以，那个忍辱负重的妻子所承受的苦痛，何尝不是我们自己的精神苦痛？当她每天都面临两个丈夫的蹂躏之时，我们何尝不经历着类似的欺压？一旦"两个丈夫"的恶被源源不断地激发出来，那么每个人都将陷入更大的痛苦。

桫椤："绝境"引起的是人物对命运的"失控"，人无法把握现实的走向，但恰恰是在这种"失控"中，人物的性格、精神彰显出来，从中可以看出你的写作不走寻常路子，也反映了你娴熟的叙事把控能力。像《哭泣事件》，"父亲"被指定为给老将军打糍粑的人，到了老将军到来那天又禁止他去打，已经构成了完整的小说元素，但是你并不满足于此，而是更向前推进一步，直到在看上去荒唐但又无比缜密的逻辑中让"父亲"走向毁灭。这些人物往往会有点儿偏执，怀着美好的愿望出发，但走向覆亡的悲剧，这好像已经成为你笔下的人物一种无可更改的命运。从最初的《野猪场》到最近的《驯牛记》，变化并不是太大。最震撼我的一个形象是《谎言与嚎叫》里的主人公张德旺，这个人在山上试图找到野人来证明自己没有撒“山上有野人”的谎，结果他在山上找了几十年，野人没有找到，他自己因为失去与文明社会的联系反倒被人当成野人抓起来了。

陈集益：走不出“绝境”的怪圈是个客观存在。我是一个比较悲观的人。比如说，我现在还没有死，但是就常常想到死亡，想到火葬场的火将我烧成灰的那种痛苦。这是非常绝望的事情。我们人来到世上，提前就知道自己的结局：死亡，而且死后拿火烧你。那么，在这个大的背景下，我又偏偏生活在一个不让人快乐的小环境——不论是从我们的长辈那里听说的，还是我们自己的亲身经历的，甚至在我们的下一代身上发生的事，会发现这个世界已经发生或者正在发生那么多匪夷所思的事情。我的内心几乎天天充满了无能为力的情绪。加缪好像说，真正严肃的哲学问题只有一个，那就是自杀。我理解他说的自杀可能不是真去自杀，是表示一种极端的追问吧。总之，我面临的就是一些自己解决不了的精神疑难。在这方面，我比较佩服弋舟，他就以这些疑难为素材写成了漂亮的小说。而我就深入不下去，有时候想看看哲学书，却看得晕晕乎乎的，一知半解。这些心理因素，包括上面反复讲到的社会因素，以及成长的因素，都多多少少地影响了我的小说中人物的命运走向。我觉得我们是很难走出“绝境”的。我现在努力做的，就是让西西弗斯把石头推上山顶、在石头从山顶滚下来之前，尽可能把这个过程写得丰富一些，有人情味一些，有烟火气一些。让这个英雄看上去更像个凡人。让他每一次推石头上山的历险不一样，与石头较量的方法不一样，每天的天气与心情不一样。那么小说的意义可能不在于结局，而是过程。唯有这个过程是充满希望的。

杪椤：我还注意到“父亲”和“母亲”形象出现在你的小说里时，他们仿佛与现实有着无尽的极度紧张和对立情绪。“父亲”较多时候被塑造为一个窝囊而又固执的，甚至疯癫的形象，走向悲剧的往往是“父亲”的形象。这好像与现实中生活中“父亲”或男性的伟岸角色不太一致，你有什么特殊考虑吗？

陈集益：这也是被问得最多的问题。我曾经想过写一系列关于我们曾经爱过但是现在更多的只剩下了恨的“父亲”形象的小说，后来因故中断了。“父亲”，首先是与我们的成长关系最密切的人，也是引导我们走向社会的人。他是一个家庭与社会的纽带，社会生活可以通过他反映在家庭生活上。比起母亲，我们对父亲的感情总要复杂得多，对母亲的爱是纯粹的爱，对父亲的爱中往往掺杂着崇拜、模仿、叛逆、对抗，甚至恨。这种难以说清的感情，对小说是有益的，写起来有很大的发挥空间。——这是我从以前的对话里复制出来的，主要针对为什么选择“父亲”而不是其他人。其实这么说，还不能完全表达清楚我的初衷。正如熟悉我的人知道，我的小说不少是有隐喻意味的，上面也说到小说与整体性笼罩的问题。那么我反复将这个“父亲”塑造为一个窝囊而又固执，甚至带点儿神经质，对家庭成员暴戾的形象，这也是出于一种整体表达的需要。某种程度上，这样的表达方式有点儿像当年的摇滚歌曲《一块红布》，“那天是你用一块红布蒙住我双眼也蒙住了天”，好像这是歌者生活中的一个场景，但是也可以延伸为一段历史的再现。我想文学的魅力，就在于文字能给人提供理解上的多义性，或者说传达给读者一些模模糊糊的暗示。后来我看到《一块红布》被拍成 MTV，影像里有人真给崔健用一块红布蒙住眼睛，就完全没有那个感觉了。所以说，我们其实都有这么一个抽象的脱离不开的父亲吧。

桫椤：咱俩是同代人，我很偏执地说过一句话：“70 后”是最后一代有历史感的人。——当然说这话时我对年轻的“80 后”“90 后”还不是很了解。但是在你的小说里，我的确看到历史的影子。特别是那些乡村题材的作品，带有很多与我们所经历的年代比较接近的历史印记。在《驯牛记》里，几家人合养一头牛，我就记得当年生产队解散时三家人合分一头驴的情景。你怎样看待我们过去经历过的历史与当下的生活立场之间的关系？

陈集益：好的文学作品，我个人以为是不能离开历史，也无法摆脱历史的影响的，就好比我们的生活脱离不开政治的影响。小说是对历史的补充，尤其对历史洪流中一个个个体的塑造、记录，至少是它的功能之一。我以前写过一篇小说《往事与投影》，首先是上一代人经历的狂暴的政治运动，通过父辈的言谈举止投影在我们这一代人的童年记忆上，我们的成长或多或少地受到了不好的影响；其次才是对我们这一代人的书写，我们的种种青春期叛逆、流氓斗殴行径反过来映射上一代人的“疯狂与暴力”，这之间有相互呼应，有前因就有后果。

杪椤：尽管你的作品对现实有着全面的、复杂的、深刻的呈现和批判，但就我的阅读感受而言，你仍旧是一个“先锋作家”。假如把你作品里的童年视角、癫狂叙事等当作陌生化手法来看，或者把《制造好人》这样的带有寓言性质的小说，用“先锋作家”的作品进行类比，你明显走的是“先锋叙事”的路子。我知道你也不反感“先锋”这个标签，但是你曾经在给《小说月报》的创作谈里说，搞形式的“异类”被人认为是落伍的行为。想请你再进一步谈谈对这个问题的看法。

陈集益：情况是这样的。我们这个年纪的人刚开始写作时先锋文学的影响还挺大的。我早期看的书大多也是根据先锋作家在什么文章里提到谁，我再去找来看的。总之，我在写作之初受过先锋作家及他们推崇的西方现代派作家的影响。那么，他们的写作技巧就被我拿来用了。然后就发现，借鉴与模仿这些作家写出来的小说发表起来特别难（当然初期作品写得也差），于是就发现，先锋文学对文学青年的影响尽管还在，但是那时候的主流文学倡导的现实主义已经全面回归。而且大部分人认为先锋文学已经无力回天，那么，谁再去搞形式的花样翻新自然就被认为是落伍的事情了。再后来，我发现，先锋文学确实也有它的缺陷，就是不少作品确实有“玩”的性质，作家们在技术上无所不用其极，而在内容上有意消解故事、消解人物和主题，使得一大批小说脱离现实生活。这些小说以文本形式创新代替了故事和主题，其中有非常优秀的，当然也有不少故弄玄虚的伪作。现在回过头去看，“写什么”和“怎么写”其实并不用对立起来，两个问题是完全可以在一篇小说里同时得到解决的。

总之，先锋文学盛行那阵子，作家们真是你追我赶挖空心思“怎么写”，一旦现实主义回归了呢，作家们又尽弄些来源于生活又低于生活的“故事”出来，其手法缺乏新意且不说，其精神气质也是存在问题的。我们知道，现实主义文学之所以被人称道而且有顽强的生命力，其对社会现实的介入和批判、人文关怀、直面人生，是很重要的。就像相声这门艺术，如果没有了讽刺、不再针砭时弊，就会滑向耍贫嘴。这时我又觉得，我们有必要继承发扬先锋作家当年的反叛精神。于我的理解，真正的先锋应该是精神层面上的先锋，是一种审美上的前瞻，敢于对世界发出不同的声音，敢于直面严峻的现实，“越雷池一步”。我们是可以让先锋文学的叙事方法为我们的现实主义内容服务的。

杪椤：“70后”作家中已有很多作家有了长篇作品，你有创作长篇小说的计划吗？如果有，会是什么？可否剧透一下？

陈集益：我由于工作繁忙和家庭琐事，很难有大块时间写作。以前有过写长篇小说的计划，但是长时间搁置都忘了提纲大意了。如果以后有机会再捡起来写，它会是一部现实主义小说，但是，仍会带有寓言性质。

对话王十月：我不过用了另外一种方法写现实

王十月，中国作协全委会委员，广东省作协副主席，《作品》杂志社长、副总编辑。著有长中短篇小说、散文、艺术评论近400万字。百余次入选各种选刊、排行榜。获第五届鲁迅文学奖中篇小说奖，人民文学奖，百花文学奖，人民文学未来大家TOP20，《小说选刊》年度中篇小说奖，《中国作家》鄂尔多斯文学奖，广东省第八届、第九届鲁迅文艺奖，广东省“五个一工程”奖，南粤出版奖，老舍散文奖等。

杪椤：距离《如果末日无期》面世有一段时间了，那一阵子文学圈里很多人都在谈论你写科幻小说的事。再往前溯，最近你进入公众视野的事件，该是你和郑小琼担任《作品》杂志副主编的事，我最早在杨克老师的微信朋友圈里看到消息。两年多了吧？工作中有什么体会？

王十月：我不清楚进入公众视野是个什么样的概念。在此之前十年，我的写作，就一直被媒体新闻化、标签化，从中央电视台到当时风头无两的《南方周末》。担任杂志副总编辑，应该是件很小的事，寻常的工作变动，被人拿来炒作了一把而已，我自己是很反感的，因此我的微信从未转过相关新闻。在此之前，我实际上负责这一职位的工作已多年，只是无名无分而已。正式有名有分地干副总编三年了，要说体会“绞尽脑汁，用尽奇招；战战兢兢，如履薄冰”十六字而已。

杪椤：我不太了解之前你供职过的《大鹏湾》，当时你在那当编辑是一个体制内的身份吗？从俗世意义上说，文学改变了你的命运，但当这种改变是通过社会身份的转换来实现的时候，你怎么理解这个问题？

王十月：《大鹏湾》对于20世纪90年代在广东的打工者来说，说是他们的精神家园，丝毫不夸张。一本区级文化局内刊，仅在珠三角，月销十二万册左右。我当时是体制外的聘用编辑、记者，后任编辑部主任。杂志是综合型刊物，有严肃文学版面，有心灵鸡汤、情感故事，最重头的是深度社会调查，还有后来很火的非虚构。当这本刊物向我伸出橄榄枝时，我在企业任生产主管，我是犹豫的，咨询了很多人才做出决定。因为去当编辑，意味着我要往文学这条道上走到黑了，而我出门打工的梦想是当企业家。说文学改变了我的命运没有错。事实上，人生命中的每个选择，都在改变着我们的命运，有些是主动选择，有些是被动选择。而我们个人的命运改变，大多伴随着社会身份的转换。下乡知青被推荐大学从政，首先也是社会身份的改变。莫言、阎连科，甚至先锋的残雪，他们的命运改变，无不伴随着社会身份转变。

你能要求莫言、阎连科一直是农村出来的小兵，残雪一直是在长沙黄泥街做衣服的裁缝吗？有人从高位而成阶下囚，这一命运改变，伴随着的也是社会身份的转变。就连桫椤兄你，不是每次命运转变，都伴随着身份转变吗？这是社会生活的常态，也是常识。

桫椤：我和你同年生，“70后”一代人身上还是有明显的历史烙印。现在总结改革开放40多年的历史，其实回顾个人的经历，1978年我们六周岁，也到了记事的年纪，我们几乎就是时代的见证者。你有不短的打工生涯，我当年中师毕业鬼使神差在一个系统内的企业里干过四年，这都是改革开放以经济建设为中心的时代大历史着落在我们身上的印记。小说家对生活都很敏感，你怎么看待时代对我们的“塑造”？

王十月：每个社会人，都离不开他所处的时代，都在不停地被身处的时代塑造。人无法揪住自己的头发将自己扔出地球。所以，司马迁被他的时代塑造，鲁迅等也被他们的时代塑造。你能说，司马迁这样一个人，如果生活在今天，他还会是那样的司马迁？我们身处了怎样的时代，决定了我们见到怎样的事情，也决定了才会有如此思考。

桫椤：我曾说“70后”是最后一代有历史感的人，因为我们是在对“意义”的重视中成长起来的，比如你写打工者生活的《国家订单》，也要把“9·11”这样在世界史上有影响的当代事件摆进去。也许我的观点有些武断，“80后”“90后”的人未必认同，但一个不争的事实是，从总体意义上说，“70后”一代人经历了传统乡村生活的衰变，也经历了从农业社会向工业社会、网络社会转变的过程。你也有过乡村生活经验，当年从石首走出来打工，后来走到创作之路上，青少年时的乡村生活对你后来的成长，尤其是对你的创作有着怎样的影响？

王十月：“70后”一代有历史感，但肯定不是“最后一代”有历史感的人。人类历史很漫长，都认为自己独特，是“最后的”，其实放在历史长河里来看，我们并没什么特别的。我当编辑，看多了“70后”“80后”“90后”的作品，我恰恰觉得，今天被看好的一批“70后”，作品多是缺少历史感的，比起“50后”来，缺的不是一点点。而说到青少年时代生活对写作的影响，这是自然而然的，上面我们讨论了，人是时代的产物，环境的产物，每个人，都是在被动生长的。

杪椤：我们这个年代出生的人，青少年期可阅读的书籍并不多。你走上文学之路受过哪些文学书籍的影响？在工厂工作的时候有没有阅读的条件？

王十月：很奇怪，在我的青少年时期，我们乡下，却能读到很多当时的纯文学期刊，我就是在放牛时读《肖尔布拉克》《黑骏马》《今夜有暴风雪》的。我在村里是有名的书呆子，吃饭时在看书，走路时在看书，放牛时在看书，甚至干农活儿时也带上书，有空了就要读。不是说有什么大的理想，只是实在没有别的事比读书更有意思啊。在工厂打工时，从农村到了大城市，有了更好的条件读更多的书，有休息日，多半是去逛书店。我遇到过几个很好的老板，都是大学问家，一个傅泽南，是85新潮美术运动的领军人物之一，他有深厚的文学素养，指导我读了左拉和巴尔扎克，一位是中国科学院武汉物理所的徐远宁，指导我很早就接触了霍金，还有量子物理对宇宙的描述。那个时候不像现在，有手机可玩，那时打工很苦也很枯燥，工作之余能干的消闲主要就是阅读。工业区里的夜市，书摊也总是热闹的所在。地摊上卖的书，并不全是地摊文学，也有各种经典书籍，只不过，二手书和盗版书多一些而已。我打工时读的书，比后来从事职业写作后读得更多。只是那时读书纯凭爱好，不像后来读书更有规划。现在阅读时间少了，主要的阅读时间，是出差时，在飞机上。

杪椤：在阅读方面你真是幸运。就像你所言，我们都被时代塑造着，像《国家订单》《无碑》和《收脚印的人》等，你笔下的打工生活多少都有些自己生活的影子。老乌、李想、张怀恩这些人物，他们进入到工厂里，他们和现实之间的矛盾和抵抗是否也隐含着传统文化与现代精神之间的矛盾？你有过亲身体验，可结合你当时的想法谈谈。

王十月：有许多论者，说老乌代表传统文人面对现代性的挑战之类，我看了觉得很高深。其实我写作时，并未去想这些。我只是忠于自己的体验，老乌的身上有着我的影子，这是不争的事实。不是说我经历了老乌经历的，而是说，老乌这个人，他的精神世界的成长史，其实是王十月的精神世界的成长史，老乌看世界的方式，是我曾经看世界的方式。所以，我在小说的结尾，让老乌写下了“不拆”二字后飘然而去。在小说中，老乌飘然而去的那一年，是2008年，那是我写下《无碑》的那一年。这几年来，中国又发生了许多的变化，这变化，是十年前的我们不曾想、也不敢想的。老乌去了哪里？在当时，就有读者和论者这样问。这两年，我一直在想，我是否要写下《无碑》的续篇，写下老乌这些年来的生活。如果老乌从2008年走到2018年，他又会怎样看我们这个世界？他是否还会坚持“不拆”。我想，我们面临的矛盾，不只是传统文化与现代精神之间的矛盾，我们面临的，其实是从古至今文人思考的一个大命题，我们往何处去？往大里说，是人类往何处去，往中里说，是中国往何处去，往小里说，是“我”往何处去。我们都在做一件事，找出路。我想，我笔下的老乌，也在找这条出路。找他精神的出路。

杪椤：在读者眼里，你与“打工作家”画着等号，你自己也曾说这是“胎记”，就像“老乌”脸上的胎记。怎么理解这个说法？

王十月：其实，应该说，在一些评论家和媒体记者眼里，“王十月”是和“打工作家”画着等号的。读者比一些评论家和记者客观，倒不一定这样看。这也没什么，我说过，打工经历是我的胎记。所谓胎记，是我不容回避的存在，我无须否定它，也无须刻意展示它。我只有正视它。

桫椤：王春林老师曾称《无碑》是“特别优秀的长篇小说”，其中一个很重要的原因是小说的批判性。我们现在不大讲批判了，春林老师也说你这个作品的批判品格在“当下这个时代难得一见”，它批判社会机制，也批判人性。作为亲历者，你觉得文学如何表现生存与人性之间的关系？

王十月：很感谢王春林老师，在我们并不认识时，为《无碑》写下了热情洋溢的长评肯定它。我不知道当下这个时代，我们的作品是否还讲批判，但在我的认知里，我不知道除去批判，我的文学还有什么意义。于我而言，写作是我和这个世界沟通的工具，而沟通的主要任务，则是我对社会、对人性的批判，而之所以批判，是如鲁迅先生所说，“希望引起疗救者的注意”。至于您说到的生存与人性之间的关系，我倒愿意说，人这种生物，或者说，智人这种生物，经过几百万年的努力，发展到今天，成为这个星球食物链的顶端猎食者，我们一路上灭绝了自己的表亲堂亲尼安德特人等，灭绝了世界上90%的动物，地球有生物史以来，还没有任何一种生物造成了如此大规模的物种灭绝，人类做的这一切，都是为了更好地生存，可见，时至今日，人性中最为自私与残忍之处，都是在生存压力下展现出来的。衣食无忧的时候，谁不愿意展现出优雅文明的一面？所以，当文学写到生存，自然就触及了人性。

桫椤：在创作中坚持批判性需要勇气，你觉得这是否与你在工厂里经历过的艰苦、严酷的现实生活有关系？经历过苦难，就不再恐惧什么了？

王十月：坚持批判性的勇气，倒也不一定与工厂里受过的苦难有关。我的小说，也并非诉苦的文学。我也没有您所说的勇气，至少在我看来，今天浮在面上的中国作家，99%没有应有的勇气。我也是这99%之一。而且，我依然恐惧。事实上，我所有的小说，只有一个主题，那就是恐惧和对抗恐惧。我之所以还在写，就是希望，能用写作，让更多的人，有可能免于恐惧或者多一些对抗恐惧的勇气。

杪椤：在"70后"作家中，你的写作有着强烈的异质性，最重要的原因恐怕藏在你对生命的痛彻体悟中。你是我们同代人中对现实最有深刻体验的人之一，你认为在将日常经验转化为文学审美时，最关键的因素是什么？

王十月：这个异质性，我倒是认可的，我时常觉得，我并不是所谓的"70后"，我不写流行的小城镇文学青年和苦仄中产，我不赞同所谓的纯文学，我甚至也不怎么写您说的日常经验，所以更谈不上将日常经验转化成文学审美。只是命运将我扔进了这个时代一般作家所体验不到的生活中，而这一生活，却又是这个时代一个巨大群体的生活，我认识到了书斋里的读书人认识不到的中国，这一切让我变成了现在这样一个人，一个矛盾的人，一个内心充满了痛苦表面上却很"二"的人。

杪椤：在《如果末日无期》之前，直面现实一直是你的风格。为什么选择科幻题材？你给了自己的写法一个"未来现实主义"的命名，但你的目光从当下的现实中移开，有没有一种逃离的想法？就像艾杰尼想逃离元世界那样。

王十月：您如果读了《如果末日无期》，就知道，我并没有逃离，更没有从现实中移开，我不过用了另一种方法写现实，所以，有读者说我这部书是在向《1984》致敬。而我曾经想过，在这部书的前面写下“致乔治·奥威尔”，后来去掉了。

杪椤：从对我们置身其中的具体的现实生活的批判，到对人类终极命运的担忧，这种转变是怎样发生的？是否这也是“70后”一代人重视历史和“意义”的体现？

王十月：其实，《如果末日无期》表面上关心的是人类的终极命运，实际上，更多的，还是基于现实的关心与担忧还有恐惧，我写的是未来，但我强调这是现实主义，并不是简单的一个命名，而是想提醒我的读者我写下的是现实。于我而言，我更重视的，其实并不是历史和意义，而是“用”，文学之用。说白了，就是你写这个干吗？为了稿费？那我可以去给有钱人写传。为了名声？那我可以努力去当网红。为了获奖？那我可以去写重大现实题材。为了审美？那我可以去当画家。为了心灵的安慰？那写出来搁电脑里就行，拿出来发表出版干吗？对于我来说，写作就是为了和我的读者交流对世界的看法，从而努力让他们认可我的看法。

杪椤：阿西莫夫曾论及科幻小说的主题类型，一种是对科技进步的想象，比如对火星的移民开发或者对外星生命信号的解读，另一种是担忧科技发展使人类文明后退，一些科技成果会带来毁灭性的灾难，你笔下的科幻架构也属于后者，《如果末日无期》揭示了科技发展造成的“人将不人”和“物将不物”

的状态，比如人可能就是数字代码，而扫地机器人不仅有了智慧，也有了情感。尼葛洛·庞蒂所言的“数字化生存”现在不是科幻了，已经在我们的现实生活中实现了，现在量子技术逐渐进入应用层面，保不齐真有一天人类真会像你在小说里预言的那样，会突破外形的束缚，成为“意识流”的存在。你怎样看待科技带来的伦理难题？你相信人类会被自己发明的科技毁灭吗？

王十月：没有啊，我是认可科技进步的。我并不认为，扫地机器人有了智慧是坏事啊，所以我对扫地机器人是那样极尽赞美。我更不认为，人类变成了“意识流”是坏事。所以，小说中，变成“意识流”的人类，在一念之间就创造了我们无数人的悲欢离合。我只是在用这样的方法告诉读者，我们的残忍、我们的野心、我们的杀戮、我们的权欲是那么可笑。人类是否被自己发明的科技所毁灭我不知道，但是我知道，如果没有科技发明，人类还在山洞里茹毛饮血，可能已被别的物种灭绝了，因为没有了创造力的社会能力的人类，是不可能走上食物链顶端的。当然，对于和智人同时代的其他物种来说，这是它们的悲剧。如果站在人的立场来看，追求科技发展是智人的必然方向。不管你愿意不愿意，也不管将来这科技是否将致人毁灭。

杪椤：你觉得文学能够弥补科技给人带来的情感损害吗？

王十月：科技是否就一定带来了情感伤害呢？我不认为如此，我认为，反而是科技弥补了我们的情感损伤，比如过去朋友亲人一别，千山万水，再见可能“访旧半为鬼”，今天我们可以随时和亲人朋友微信视频，千里万里一日相见，我们今天不再长亭更短亭，也不再折柳相送了。因为科技已经弥补了这一损伤。那么，文学能干吗呢？有的文学能让人达理，有的文学能让人知情，有的文学能让人动心。当然，有的文学能弥补您所说的情感损害，但这损害的冤主却不一定是科技。对人类情感损伤更多的是人欲，是人制定的制度，是人与人组成的社会。

桫椤：我记不清你接受谁访谈时曾说，下一部作品你还会写现实，能不能“剧透”一下？同时我还想问，有读者也在关心你，是否还会写科幻作品？

王十月：下一部作品肯定不会是科幻了。而且在短时间内，不会再写科幻。科幻的元素，可能会有。写现实是一定的。怎么写，我还没有找到好的切入点。下一个写成推理也说不定。

我写作的特点是，一部小说，往往琢磨很久，迟迟动不了笔，很痛苦，一旦找到结构，写起来会很快。《如果末日无期》，就是一年写完的。

对话杨献平：时代的个人经验和个人的时代经验

杨献平，河北沙河人，1973年生。在《天涯》《中国作家》《人民文学》《大家》《北京文学》《山花》《诗刊》等刊发表诗歌、散文、小说、批评等近百万字。曾获全国第三届冰心散文奖单篇作品奖、全军文艺优秀作品奖、在场主义散文奖、四川文学奖等数十项。已出版的主要作品有：长篇《梦想的边疆——隋唐五代丝绸之路》《匈奴帝国》，散文集《沙漠之书》《沙漠里的细水微光》《生死故乡》《作为故乡的南太行》《历史的乡愁》《南太行民间叙事》《乡关日暮》，以及诗集《命中》等。现居成都。中国作协会员。

杪椤：看过你的作品创作年表，我想你的创作有一种为同代人正名的意味，起码在当下的散文界是这样。虽然关于作家的代际问题时有争议，但“代”的实质是人和历史及时间的关系，而人又是历史的产物，所以这个问题提出的前提是站得住的。丹尼尔·贝尔说“一代人为之艰辛奋斗的事情在另一代人那里往往被看得平淡无奇”，池田大作在与汤因比对话时也认为，代与代之间的隔阂已经是一个广泛的社会问题。在数量之外，你的作品显现出对历史的尊重和对生命的敬畏，你怎样看待你的创作与我们这个成长代与代之间的关系？

杨献平：尽管写作多年，照实说，其实我不擅长于文章的结构，就像个人性格。其实，这也反映了我的一个问题，即人是20世纪70年代生的，但心态和做事方式却更像“80后”“90后”。一代人和另一代人，虽然在时间和文学的河道中如沧海一粟，五十年一百年都是眨眼之间的事情，但生活的环境，特别是人文环境的变迁，使得人代和代之间，有了许多难以衔接的“沟槽”，甚至涧谷。人和万般事物，都必定是时间的祭品和残渣。文学中所谓的历史感能够使得作品具备一定的时间深度与时间广度，使得作品显得厚重并有纵深，但当你写下，一切就已经是历史了。相对于小说，白话散文从它落地那天起，其地位和影响力就处在了“庶出”与“第三子”的尴尬地位。在我看来，散文乃至其他文体，其实都是写作者的一种态度，这种态度也可以说是一种对世界和人的方法论与观察笔记。对于这个世界，特别是人，人群，人类，再伟大、杰出的作家、艺术家也难以一网打尽，人性之丰富繁杂，人心之纷纭熙攘，其离奇、诡秘、丰饶和多维，显然不是一代或几代人可以完成的。文学本就是不完美的事业，也是接力的一项无止境的“建筑工程”。从这个意义上说，我们的写作者不论从事哪种文体的写作，其实都是在为这个世界增添观察、解读、排解、镌刻、溃散、失落、创造、新生等诸多的切入和分解其“内核”的方式。

还有一个现象或心态，我既能接受并且认同莫言、陈忠实、张承志、韩少功、刘醒龙、王安忆、刘震云、阎连科、贾平凹、张炜、阿来、杨显惠、刘庆邦等这一代作家的作品，也喜欢“90后”的一些人的作品，但对王蒙那一代人的作品，以及少数“80后”的作品，却有些隔膜。从很大的程度上说，“50后”的那批作家依旧是当代文学的中坚甚至“巨擘”，他们所坚持和创造的“文学景观”是历史的也是当代的。作为20世纪70年代出生的人，他们的那种“文学道统”和书写方式应当说是我们以为的“理想中的文学模板与参照”。而“90后”的写作，适才与我们这一代人的写作“模式”有了真正的巨大的“隔阂”，但我看重他们的新思维、理念，特别是观察和表达的方式，书写的自由度与异质性，实在是为我们提供了一些新鲜的感受，甚至启发和警示。当然，一直处在文学的“风口浪尖”的“80后”作家，除了韩寒、郭敬明之外，我也都很佩服和接受他们的作品。时至今天，我们的当代文学已经呈现出了几个完全不同的“壮美景观”。而“70后”在其中的角色，其实很尴尬，除了少数几位跃然于文坛之外，更多的还没完全“长成”就被汹涌的“后浪”基本上拍死在沙滩上。

尽管如此，谁也不可否认，文学写作永远是一种承继的过程。“代际”在这里才是无效的。推陈出新，别样的探索与创造，才是永恒的。

杪椤：“70后”的尴尬也折射出时代与作家的关系之重要，它决定了我们之为我们而不是别人。但“70后”似乎成了在文学中“终结历史”的人，因为在此后，受到消费主义的影响，着眼于当下生活的、“去历史化”地对日常性的书写，以及旁若无人地对“私我”的书写大行其道，文学的载荷变得越来越轻。生活也是如此，比如古人讲“读万卷书、行万里路”，把在大地上的行走当作增益自身的方法，但是现代人的旅行完全是消遣性的，止于直观的审美感受而不再将这一过程或者所见的地域文化与自身发生关联。你的散文基本上落脚在两个地点：巴丹吉林和南太行。在时间之外，你觉得地域和创作是什么关系？

杨献平：文学是一条滔滔长河，一代人和下一代人的关系，虽然不会像是父子，但其本质是相同的，那就是对人的生存状态，生命的困厄，生活的状态和方向，精神的愉悦和痛苦等方面的呈现和发掘，进而以典型的群体和个体，深入探究人心人性，给生命以鼓舞、理解、悲悯、同情和祝福。正如纳博科夫《文学讲稿》所说：“文学不是表达人的生存，而是发现生存的诸多可能性。”他还说，“一个优秀的作家，他必须是一个讲故事的人，一个教育家，一个具有诗性思考的哲学家和魔法师，而其中的魔法师至为重要。”文学创作，大抵是以典型化的方式使得某个人“艺术”起来，从而使得我们笔下的人物获得另一种生命，并且被更多的人所接受和认同。

作为具体的一个写作者，而且还是“70后”的，我不觉得文学的“历史感”将在我们这一代人终结，反而坚定以为，“70后”在整个当代文学序列中，有着衔接上下的重要作用。这一点不论是“70后”小说家、诗人还是散文家，“历史感”都非常强烈。但有一个问题，即，对我们出生之前和幼儿期的某些家国历史，我们还是极其模糊的，而我们亲历的“当下史”，特别是剧变的三十年，则有着“80后”“90后”出生者所无法比拟的深刻性和丰富性。关于这一点，很多的“70后”作家在其作品中都有较为全面、客观的表现，包括诸多的诗人和散文家在内，都体现出了具有历史纵深感与当下意义的文学建构的气质与气象。

但现在是一个极端的物质年代，一切都是沦落的，一切也都是无序的。我们的社会乃至精神状态进入了一个激烈但又看起来一切如故、习以为常的非凡年代。有理由相信，在这样的一个时期，文学必定会有大的、更优秀的作品出现。而创造者，有可能就在诸多的“70后”之中。尽管物质统治了一切，但文学仍旧会是人类精神的“塔尖运动”与灵魂中最丰饶与亲和的“光束”。

小众化是文学本身的宿命，也是一个周期性的表现。正如作家诗人大多数已经从宏大叙事向自我与“小众”靠拢并乐此不疲一样，这也是一个文学的周期。相对于“70后”，“80后”和“90后”还处在“青春的激情状态”，他们在慢慢成熟，或者已经表现出成熟的气质。私人化写作尽管作为一种世界性的文学潮流，但就国内的文学写作而言，造成私人化写作盛行的局面，我以为，不是作家诗人们主动放弃史诗般的文学表达，而是环境迫使作家诗人必须如此去做。这也非常有意味。

再一个是地域性写作问题。任何人都是地域的产物。地域和作家创作及其作品之间，是一种相互依存并相互构建与不断丰满的过程。对于作家的创作来说，地域绝对是很好的依托，甚至是一个“天然的平台”和“用来向远方的营地”。一个作家长期生活在某一个地域，必然是极其熟悉的，掌控起来比较顺当，如此写也没有什么问题。地域性写作绝对不是携带一些地理风貌、风俗人情就可以的，那只是皮毛。从前，我也如此作如是观，把某些地域性的东西表现出来，就是很好的文章。后来才幡然醒悟，打通地域限制的方法可能只有一个，那就是将自己文学的笔触、思想和精神专注到“人”这个本体上来。唯有人，才是文学的通行证，才能获得艺术上的创造和认可，并且为更多的人所理解和接受。

桫椤：纳博科夫的话重点在“可能性”这个变量而不是“生存”这个常量上，所以文学让“某个人‘艺术’起来”的方式就是鲜活的和创造性的。像你的《沙漠之书》和《生死故乡》这样的书和作品，在“沙漠叙事”和关于南太行的“乡土叙事”中，你打通了历史时间和自然地域与个体生命之间的界限，是对人的哲学性质一种原汁原味的形象化，这恐怕也是你的写作被以“原生态”命名的原因，意即你的写作观照本真状态之下的自然伦理和生命伦理。在这个格局下，你书写的人和物——以及人与物的关系，是自然的存在，也是历史的存在，就像很多事物之间可以形成无数的排列组合那样，你的散文内在的气韵不止于你写到的东西，它们常常带有言之不尽的意味。

杨献平：对于《沙漠之书》《沙漠里的细水微光》《在沙漠》这类的书籍和其中的作品，我觉得施战军先生的话很准确，那就是边地文学地理书写。我以前所在的沙漠叫巴丹吉林，作为一个长期在风暴之中生存与冥想、苦难与欣悦、困厄与向往的人，沙漠教给我的，或者一片地域，甚至整个西北在我身上和精神内里镌刻与涂抹的东西，一是大气苍凉，二是悲天悯人，三是孤独与绝望，四是柔软与刚韧。其实，这个世上，尤其文学创作上，我们每个人都孤立无援。孤独是一种与生俱来的宿命。在沙漠的那些日子，我知道自己唯有书写，哪怕是无人应和的，对自己来说，也都很有价值，同时也可以看作是个人的一种孤傲的声名姿态及其由此漫漶开来的种种带有“体温”的生命气息。

再回到地域这个问题上来，可以说，是巴丹吉林沙漠乃至整个西北的苍凉雄浑，使得我的书写得到了一些人的关注。尽管，在很长时间内，我的写作和作品是无人问津的。确切说，当周边甚至后起的同道名满天下之时，我还是一个独在异域的人，无人喝彩，也无人声援。直到后来，才有了几位师长给予了我诸多的扶持与肯定。当然，我一直觉得，文学创作就是孤军作战，就是一个人与世界、与众生、与绝望的搏斗和战争。当然，每一个写作者其最终都是失败的，失败是写作者的最初和最终的“枷锁”，永不可挣脱。

评论家杨光祖有句话很对："杨献平是野生的。"这里面有两个意思，一个是我当年在沙漠的生存、生活状态及表现出来的那种天高地远的精神状态，另一个，则是我作文写诗，完全没有套路和章法，自己想怎么写就怎么写。这倒罢了，我写东西，一向不自觉地与潮流、风气拧着干，绝对不从。至于我在 2007 年提出的"原生态散文"主张，充其量只是一个不成熟甚至有些偏执的口号而已。其实，文学始终是典型化和艺术化的，不可能散漫直陈、现场描摹和照搬事实。虚构是文学的伟大传统与不二法门。

对于我个人来说，故乡是噩梦，也是暖床。一个人孤身于外，对生身之地的回想，是一种天性。我的家乡在南太行山村，封闭、落后，充满农耕色彩与古旧卑微的民间气息。起初，我很不喜欢我的故乡和乡亲们，甚至亲戚，总觉得他们促狭、无知，守旧而且刻毒，再加上家人在乡村的种种生存的逼仄，尊严的陷落，乃至公权者的不公，使得我对故乡充满了仇视与不屑。很长时间我一直以为，天底下就是我们南太行乡村人群最坏，坏得不可饶恕，以至于写文的时候，总是带有一种愤恨与鄙夷。忽然有一天我明白，人原本就是如此，不分地域，不分种族。相互倾轧和伤害是动物本能的强大沿袭。慢慢地，我发现了自己的罪过，即，指责故乡的人显然也是促狭和不道的，人是一个复杂而幽秘的动物，也是文明与文化的产物，无论我们当中任何一个人怎么做，必然都会有他们自己的逻辑和理由。

《生死故乡》其实是一个"不守规矩"和"原则"的产物，

一方面回到了客观观物察人的正常状态和平常心，另一方面，采取了细节呈现和讲故事的策略。我觉得，自鲁迅以来的现代乡土叙事传统是一个伟大的开创，使得后来者有机会，有“道统”和有秉持地、轻而易举并且顺理成章地进入到传统的乡土世界当中。我觉得，人是最重要的，是文学之根本，任何体裁都是如此。因此，我第一次将目光和心力对准了我熟悉的南太行——北方乡土人群身上，以他们自己的人生际遇和生命生活状态，进而反映当下剧变时期的乡土世界，从而将诸多卑微之人从尘埃之中一一打捞出来，让他们说话和表达。当然，这个路子或许缺乏主题性，特别是在习惯于“主题论”的当下文学环境之中，《生死故乡》乃至后续将要出版的《南太行民间叙事》《作为故乡的南太行》《南太行乡村故事集》《乡关日暮》等作品，显得特别孤单与另类。每个人都是历史、自然和文化的载体和具体“反映面”，写人，并且努力让笔下人物自己开口说话，应当是一个很高的要求，尽管我做得不够好，但努力总是必要的。

桫椤：把你关于故乡的写作说成是“乡土叙事”或许不大准确，但也并非全无道理，算作是一种“新乡土”吧。孟繁华说乡土文学与乡土中国构成了对应关系，我们幼年的时候还可以见到真正意义的北中国的乡村。但如今你文章中关于乡土中国的想象已然不复从前，比如《生死故乡》里的那些人在当下现实冲击中形成的新的伦理关系，那些民间传统道德文化的衰亡和嬗变，事实上我们这一代人恰恰成为中国巨变的客观观察者，我们身上有历史但没有成为历史的奴隶，有当下但并没有随波逐流，你不觉得你的散文正是关于我们这一代人的命运和这个时代的命运的书写吗？

杨献平：你这个设问显然是很高的。作为一个普通的写作者，我无力也无意承担任何宏大与广阔意义上的东西。写作是个体的，一个作家的作品影响力也微乎其微，特别是在当下这一种环境和气氛下。“新乡土”这个提法是靠谱的，但我们还是走在鲁迅开创的现代乡土叙事基础上，尽管有许多此类的作品，但谁也没有逃脱鲁迅已有的“框框”。有时候也觉得沮丧，文学是创造的事业，可我的创造力竟然如此匮乏与不堪。

在当下或者今后的一段时期，乡村特别是北方的乡村世界将面临更深刻的变化，可能是一种半城市半农村的状态，也可能是一种扭曲的、渐进的乡土世界向城市文明的艰难的转变与递进的混乱、无序景观。在这个时候，我觉得书写乡村这一阵痛的痛苦与新变，当是出身乡村的作家诗人的自觉担当。我敢肯定地说，自此之后，中国传统意义上的乡土世界将成真正的“历史”，新型的乡土世界融合形成之后，将以另一种面目出现。就此而言，当下的乡土书写文学的价值倒在其次，“标本”和“史志”意义将占更大的比重。

命运是每一个人的，各个不同，但人类的命运则是大同的。我们的作家和诗人，首要的方向是给人以生命的温暖、精神的关照乃至灵魂上的安慰。作为一个平民写作者，我无力于庙堂江湖，但可以为与我同样微小的人们写一些东西，哪怕只是记录他们的现世行状，也足可安慰。文学从帝王将相转移到平民百姓，我觉得是真正的“普世价值”体现。认真对待每一个生命，每一种生活样式和生命抉择、精神诉求与灵魂“镜观”，并且以真诚与同情、理解与悲悯之心为他们“树碑立传”，当是一种令人心安与有意义的“劳动”。

桫椤：你提到作家和诗人首要的方向是给人以生命的温暖、精神的关照乃至灵魂上的安慰，在你的文章里就能特别容易读到一个词：灵魂。《沙漠里的细水微光》里有你一个自序，读这个序言的时候我就在想，无论是沙漠里的自然世界，或者喧嚣的尘世生活，在你看来都具有镜子的作用，鉴照出的是人的灵魂。所谓灵魂，一定是对命运的、对现实的反叛，不认命的人才有灵魂。何平在谈《生死故乡》的时候说你警惕“述异”而重视“述常”，我觉得正是“灵魂”这个东西，让你笔下的“述常”又有了区别于他者的“异常”，“篇篇见魂”使你的作品成为自我的灵魂传记。你怎么看？

杨献平：托尔斯泰说，“每个人的心灵深处都有着只有他自己理解的东西”。在我看来，灵魂是我们在尘俗之中的另一种形而上的要求，其中有自律也有放纵，有愉悦更有痛楚。现实是一个强大的收集器，最终经由肉身进入到灵魂当中。对个人来说，我多数是痛苦的，也是孤独与绝望的。这种情绪一直缠绕着我，就像我们在现实生活中对物质的态度。好在，文学写作是一个出口，借此，我们可以反观自照，可以在诸多的个人内心之间发觉出一些神秘或是普遍的精神纹理与内心幽微。

何平先生的评论切中要害，他说到的“述常”和“述异”，我觉得我始终处在“述常”的旋涡当中，因为，“述异”对我来说有一定的难度，特别是在沙漠的那些年，人就那么些个，而自然环境，包括其人文景观及其纵深则是庞大、辽阔的，我只能于此背景之下去写自己和自己的内心纹路，去表达和呈现周边少而雷同的人和人群。但到成都之后，我感觉一切都变了，人太丰富驳杂，即使在街上走半个小时，都会与一些令人讶异的事情迎面遭遇。

文学写作乃至一切艺术，真诚是基本要素。对于散文来说，“有我”是必然的，强调人间的烟火气和肉身的温度，乃至精神的坑槽与皱褶，也是文学写作的生命体温所在。事实上，不论哪一种体裁的写作，其实都是作者的灵魂自照和自传。或者说，文学艺术就是一个人拿着镜子，并从中看到的整个世界和人类模样的一种自恋与旁观式的“文字运动”。

杪椤：你长期关注边疆史，特别是汉和隋唐时期的西北史，对匈奴史有独到的研究，并有这方面的文学作品问世。这也看出你的“反常”，别人关注当下，你关注历史；别人进行“城市写作”的时候，你关注自然、乡村和边疆。你是否自负一种历史使命？谈谈你的想法。

杨献平：之所以对匈奴、隋唐乃至整个西北边疆史感兴趣，大致是一种地域的作用，长期生活在匈奴、突厥、回鹘等游牧民族故地，我相信有一种冥冥中的暗示与天启。匈奴可能是历史黎明时期蒙古高原乃至“西域”最强大和最具有历史推动力的大部落联盟，他们先后三次对亚欧大陆的文明发生重大作用。我特别喜欢冒顿这个单于，他深有谋略，又还顽皮，他的一生似乎都在极度隐忍与亢奋中度过，匈奴之所以强大，能够与西汉抗衡半个多世纪，也是冒顿之力。

隋唐时期的西北边地历史也很有意思，盛唐对于西域乃至整个世界的影响无疑是最为深远的，可是，我们在这方面只是热衷于对李世民的武功乃至李隆基和杨贵妃的爱情、武则天和太平公主的权斗，而缺乏对盛唐时期对外文化输出、传播的研究和表现。我觉得自己那本《梦想的边疆——隋唐五代时期的丝绸之路》做了一点儿相应的工作和努力。

写作是自己的兴趣，我不觉得只写纯文学作品就会是怎样的高大上和无上正道，反而觉得，偶尔涉足一些“旁门左道”也很有意思。“工夫在诗外”，是一个绝对的真理。写作者，不应当把自己锁在一个框框里，要把自己放逐到瀚海大漠与雪山草原上，也要把自己安置在城市的楼宇缝隙和山野的草木之间。

但照实说，我的写作没有任何的使命感，我只觉得，既然走上这条路，就要走下去，走得如何，那是以后的事情，目前最紧要的，是做，不断地去做，才是必要的，当然也要不断自省和调整。目前，我觉得乡村还没写够，边疆方面，我一直在断续进行一个半虚构的集束短篇作品的写作。

桫椤：正是因为你的写作以史实为依据，所以才有了那种浑然的坚实和厚重。斯韦特兰娜·阿列克谢耶维奇获诺贝尔文学奖之后，关于文学的非虚构话题更加引起重视。我也看到散文的叙事功能在不断增强，抒情功能在下降，你的写作中是否也有这种倾向？作为非虚构写作的重要形式，你觉得散文应该怎样面对这个复杂的时代？你获得过“在场主义”散文奖，“在场”是解决散文作家与时代关系的钥匙吗？

杨献平：全球化进程加剧，这是不争的事实。从单一的自足和疏隔状态到信息化、网络化的快速满足，特别是生活方式的雷同化，世界正在变得亲近，可触可摸与高度雷同。但对于人和人群来说，我的看法是，世界越大同，人类越焦虑；信息越发达，人们越孤独。尽管，这个世界每个角落每时每刻都在发生令我们讶异、想象无法抵达的事情。作为文学的非虚构或者非虚构文学，其戳中人心的一点便是，能够周全地告知我们身边每一件影响至深的“小事”的真相及其对更多人形成震撼的有效性。譬如斯韦特兰娜·阿列克谢耶维奇的作品，持续深入地对人间真相的再发现，特别是直接受影响的人的“事件”之后的生存状态和精神痛楚，这是最能够体现非虚构价值的。

关于散文的抒情性消失，一个因素大抵是当下人厌倦了“空”，再一个是如欧阳江河诗句所说“这不是一个抒情的年代”（《草莓》），而是一个功利现实主义盛行并且作为唯一杠杆的时代，抒情当然就是奢侈品了。而一个根本的问题是，抒情在这个年代解决不了任何问题，再者，无新意的抒情滥觞之后，也是对人的一种蒙蔽与误导。因此，叙事和叙述，成为散文写作的首要手段与基本特征，也是情理之中的事情。

在这个年代，散文重要的是介入时代，深入发现时代的个人经验和个人的时代经验，我觉得是一个课题。相对于历史和科幻写作，我觉得书写当下不仅是一种能力，还是一种具有使命意识的行为。特别是当下的中国，有如此之多的丰富、别异、新鲜，令人惊诧的现场和“真相”，为什么还要去一次次抓古人的辫子呢？一时代有一时代的文学，一个作家拙于当下的发现和表达，应当从自身找原因。历史尽管也是当代史，但此当代史与彼当代史毕竟是有隔膜的，时代的现场乃至环境迥异之后，很多事情就具有了独特的意味，更重要的是，我们这个时代当中的“人”，才是非虚构和散文写作的着力之处。

关于“在场主义”或者“在场”这个概念或者提法，我以为不够科学，反而觉得“现场”更具有科学性和理论阐发的空间。因为，“在场”这个提法是模糊的，再加上“主义”二字，就有了另一种含混的意味。而“现场”则有身临其境和身在其中的要义在内，更具有现实性与时代性，也符合当下的散文写作基本要求和具有时代气质的特点规律，特别是对散文的“有我”“时代性”和“现实性”“自由度”，乃至基于“我在”之当下各种“现场”有着更好的概括作用。当然，这样说，可能会使得“在场主义”散文发起人周闻道兄不怎么高兴，但我觉得，我的这些说法和理解，其实和周闻道兄等人的说法是不谋而合甚至高度契合的。就此，我也和他有过交流，取得的共识很多。散文理论建设不怎么景气，借此做一些讨论，我相信也是有益的。再者，对周闻道及其倡导的“在场主义”散文的各种努力和实绩，是当代散文的一件幸事。他是一个真正为散文做事的人，其热心和成效有目共睹。我也期望有更多的有识之士，加入进来，形成一种探索的局面，进而为越来越宽泛与自由的散文乃至非虚构写作提供各种动力与勇气。

桫椤：也许是我的视野狭窄，我总觉得散文的理论体系框架与小说和诗歌相比，好像很模糊，而且新文化运动以来形成的理论体系在现在颇有“过时”之感，比如我们已经无法拿过去的理论评判现在“80后”“90后”的创作。当然创作脱出理论的束缚，这也是散文进步的一种体现。谈谈你对当下散文理论的看法。

杨献平：诚如所言，散文理论在今天的薄弱，是事实。这个和整个文学环境有关系，诗歌尽管越来越小众化，但总有一些人为之皓首穷经，罄竹以书，进行一些研究和阐发。小说是时代的宠儿，也是当下文学的重头，当然也不乏研究者和批评者。唯独散文，弃之可惜，食之无味，局面确实有些尴尬。据我所知，有林贤治、王兆胜、陈剑晖、李晓红、王聚敏、王冰等一些专业的散文研究与批评家；如李敬泽、施战军、雷达、李建军、谢有顺、何平、汪政、孟繁华、何向阳等批评家也对散文理论建设，特别是散文的发展，提供了精准的意见。作为一个长期的散文从业者，我也从他们的言论中受益匪浅。

但从根本上说，现在的散文理论还没有形成体系，尽管有孙绍振、刘锡庆等一些非常专业的散文研究和散文史撰述者，但我们目前对散文的理解还是滞后于创作的。倒是一些散文写作者对散文的理解很到位，如周晓枫、祝勇、张宏杰、夏坚勇、朱鸿、于坚、黄海、蒋蓝、雷平阳、吴佳骏、耿立、格致、黑陶、张鸿、谢宗玉、江子、海男等，特别是张承志、韩少功、史铁生、贾平凹、张炜等作家，均在不同时期，以自己的写作经验和体会形诸散文理论表达，观点切合写作实际又与众不同，从而也为散文理论研究与建设注入了新的活力，提供了新的视角。可截至目前，欠缺的是视野宽阔、理论建构能力强与观察独到的专业散文研究者。依我看，这个状况还会持续下去。

杪椤：我看你不停地购书，可见你没有形成电子阅读的习惯。电子时代，新媒体的出现毫无疑问为创作提供了更大的自由空间。你的创作受到过网络的影响吗？可以想见网络对文学的影响还在加深，你觉得散文在这种背景下会有什么样的走向？

杨献平：电子时代，信息、网络覆盖，越是向后发展，电子阅读可能真的会替代纸媒阅读，但没有悬念的是，纸媒将会成为稀缺之物，也是物质时代最后的一道堡垒、科技信息之间的一道风景。人类的发展史，其实是反复史，消失的越发珍贵，甚至成为文物，纸质出版的不景气，将来可能会有所改观。相当一部分人还是有着浓郁的纸质媒体阅读史和成长史，当纸媒变得稀缺，人们必将回转身来，再一次倾心于放在手里，捧在眼前的纸质书，从中找寻人类逝去的那些波澜壮阔而又显得十分笨拙的“青春”时光，特别是作为人类生存和精神史的纸质书籍。

我之所以不断购书，也是想留存，尽可能地把一些好书留下来，作为传家之物。当然，阅读是第一位的。我的感觉是，每读一本好的书籍，感觉自己的心灵就又成长了一次，每读一本好书，也觉得自己的灵魂又再度明亮和巍峨了一些。

电子阅读已经是主流，这不可否认。散文在此背景下，可能要发生更大的转变，一方面更要接地气，注重现场感与现实性，另一方面，也更要对这一时代做出更迅速的判断与更贴近人心、真相及其纵深、宽度的呈现和表达。人们可能更喜欢看到与自己贴近的事情，特别能够帮助他们在繁乱的现实中，迅速厘清问题，找到根源并对自己有所规诫、警醒和触动的文章。人的阅读也是功利性的，尽管我们很多时候不承认。

对话李浩：面对白纸之白

李浩，1971年生于中国河北。曾先后发表小说、诗歌、文学评论等500余篇。有作品被各类选刊选载，或被译成英、法、德、日、韩文。著有：小说集《谁生来是刺客》《侧面的镜子》《蓝试纸》《将军的部队》《父亲，镜子和树》，长篇小说《如归旅店》《镜子里的父亲》等，评论集《阅读颂，虚构颂》。曾获第四届鲁迅文学奖、第十一届庄重文文学奖、第三届蒲松龄文学奖、第九届《人民文学》奖、第九届《十月》文学奖、第七届《滇池》文学奖、第九、十一、十二届河北文艺振兴奖等。

杪椤：一直期待能有机会和你聊聊，今天得以成行，令人高兴，但是我又有着担忧。原因在于，仅仅在文学中，你就拥有若干个而不是一个身份，很复杂。你以小说家的身份纵横文坛，但是王力平先生“评价”你的“段子”在河北文坛广为流传：李浩，学美术的出身，散文写得不错，小说得了鲁奖，是河北青年诗人学会的会长，老在刊物上看到他的评论文章，提起他来，大家都说他是个书法家！

李浩: 我得承认，不务正业是我的专长。王力平先生“评价”得不错，我对一切艺术感兴趣，同时也对人生、命运和未知事物感兴趣，而且“好为人师”，习惯滔滔不绝。学美术，是因为喜欢美，喜欢其中的气息，而舍弃它是因为我经过专业的训练之后“明白”，自己缺乏成为大画家的才能。书法，也只是我的“中年兴趣”，重新拾起它一是无法全部地割舍掉对它的喜爱；二是出于羡慕，我的作家朋友里像雷平阳、徐则臣等都是书法高手，看他们写真也有些技痒；三是进入中年，我觉得我应当更多地从传统中学些什么，体味些什么，书法和绘画是其中的路径之一。

至于写散文、诗歌、小说、评论，我觉得它们是并行的，有着浑浊的统一性，某一时刻，我敏感于某一突然的“灵感”，而它适合交给小说或诗歌的文体……那我就交给它。我有个朋友——诗人张祈，在多年之前谈他的理想，他说，希望像博尔赫斯那样，出一本小说集，一本诗集，一本评论集，一本散文集……他的理想也是我的理想。

桫椤： 你的身份为谈话提供了太多的方向。大家对你的小说相对熟悉，但对话总是要“爆”一些别人不知道的“料”出来才有意思，所以我们就以诗为中心吧！诗大概是你这个小说家的秘密——也不算是秘密，因为读过你的小说的人，一定会想到你的小说与诗的关联性。

李浩：说实话我对诗歌一向极为看中，甚至超过小说。我感谢我的诗歌经历，它让我审慎地对待语词，语词里的言外之意，它可以延展出去的意味；它还给予我关于命运、自然、人生哲思在宇宙中的多重思考，这是诗人们时常提到的词，而在小说家中较少提到，我对它们的“拿来”让我感觉自己有了更多可能；它还在情感情绪的书写上、情境描述上有着诸多的补益。其实绘画对我写作的补益也是非常多的。

记得有谁说过，很是认真、断然地说过，小说的最高品质是诗——他说的应是诗性，好的小说必须也必须带有诗性的意味，带有飞翔感和小小的晕眩，具有可供不断思辨的张力。我极其认可这一点，我希望我的小说能够做到。当然我的诗歌写作也从小说的写作中获益良多，特别是近年来的诗。

桫椤：你把你的诗集命名为《果壳里的国王》——尽管你的诗集还未出版，但我丝毫不认为你的诗需要以出版的方式来肯定。这样的问题很世俗，但是我还是想问，你的诗歌公开发表的多吗？你怎样看待诗歌在网络时代的传播方式，以及诗与读者的关系？假如你的诗除你自己外，没有人喜欢读，你会很沮丧吗？

李浩：在很早之前，我的诗，发表得不少，有二百首左右吧，《诗刊》《星星》《诗林》《诗歌报》……后来我专注于写小说，或者说，在小说的写作上用力多些，诗写得少也发得少了。而到我近几年的“长句子”时期，就基本上没发过，

《花城》《钟山》各发过一组，《诗选刊》选过一点儿……渐渐，大家就不记得我曾是个诗人了。也挺好的，诗歌，此时，更多是我的隐秘之物，我将它变成更为纯粹的“私人专属品”，我让它记下我的生活中的情感、情绪和莫名的怆然，记下我的忐忑、愤怒和恐惧，以及说给自己的话。而小说，则更多地为我承担“公共性”，那是我要和大家说的，是我试图的，对世界的发言。我将它们分开，各自负担不同的功能。

假如你的诗除了你自己外，没有人喜欢读——可能，这也是时下我必须面对的遭遇，它的确没有人喜欢读，这是我必须接受的后果。我的小说的受众也不大，我知道。这也是我必须接受的后果。会沮丧吗？有一点儿。但不太多。

我当然希望我的作品能有广泛的阅读，但它是在不让我做出任何曲媚、不损害我理想中的写作的前提下。我选择趋向晦涩的文风，我选择具有先锋性和实验性的写作，我选择将一些连接线隐掉，我选择不断的挑战、改变和冒犯，甚至在自己的写作中添加某种的“灾变气息”，是因为在我看来艺术的要求如此，我只能如此，我做出的种种选择其实都是“被迫”——我，在顺着艺术应有的部分做出必要调整。“应有的艺术”“理想的艺术”，我愿为此不断付出。突然想到，我对艺术标准的这份“坚硬”也是当初的绘画学习给的，当时，我们最怕的，是自己的绘画“俗”，属于“俗格”——那等于是宣判死刑。所以，在之后的艺术和写作中，“不堕俗格”是条底线，如果写作的调整不是因为艺术要求而是某些读者要求，那，它在我这里是不允许的。在一篇题为《写给无限的少数》的短文中我曾说过，“写给无限的少数，也是一直以来我固执的坚持，并且肯定还会继续固执地坚持下去，直到，我写不动了为止。请原谅我过分狂妄的审美傲慢。我认为，在世界上，尤其是在中国，做普及工作的作家绝非少数，他们尽可多得受众、财富、名声和荣耀，这也是他们应得的。但也必须看到，真的不缺我一个。对我来说，我还是把自己的时间、精力、才能和思考投入更狭小、曲折、隐僻的文学实践中去吧，因为，在致力探寻的过程中，更能让我体会写作带给的美妙和幸福。”在诗歌中，更是如此。

诗歌，通过网络得以传播，我觉得是一件大好事，它会让更多的人读诗爱诗，并确有机会读到不同的好诗，这在我学习写诗的那个年代和之前是不可想象的，它几乎可给人一种饕餮感。这种新形式当然也带来些不足，譬如……最主要的是，对诗歌的细致咀嚼遭到了伤害，临屏让你无法做到之前人们阅读时的那种细致。但这可以克服。至于其他的问题，我觉得不能太算问题，更多是属于个人倾向的，有些人，他本就无心，不让他读网络诗歌只给他纸质的诗刊，他也依然无心；有些人，随世俯仰，心浮气躁，你就是不让他读网络诗歌只给他纸质的诗刊，他也依然会浮躁。而有些人，通过诗歌和诗歌平台干些什么什么的勾当，即使没有网络他也会如此，非是网络教坏。

至于诗和读者的关系：我觉得是双重选择的关系，阅读者得心里有诗的种子；而且，普及性的受众会多些，之后，越向高处，它的受众会越少，金字塔式应是文学的基本样式，所以别期待你我以为的优秀诗人会有那么大的“卓越影响”。存在是合理的。而改变，如果以后能够改变些，那得依借互联网。

桫椤：伟大的物理学家霍金的著作题为《果壳中的宇宙》，《封在果壳里的国王》和霍金的书名有着相同的母题来源，即莎士比亚那句标榜人类自主意志的台词：“我即使被关在果壳之中，仍自以为无限空间之王。”有限的东西才会有“壳”，而“无限空间”只可以是“自以为”，“国王”的身份使自我的言说成为金口玉言，作为“国王”的你在此时是无视世间万物即臣民的存在的。你的“国王”身份牢固而可靠，所以你的小说也被命名为《一个国王和他的疆土》。

李浩：我写下的是《N个国王和各自的疆土》，它原是一个相对漫长的写作计划，我计划写一个系列的“国王故事”，让他们负载不同的命运指向、思考指向，相互之间的交叉虽弱但延续性还是有的。我计划是让它成为单独的一本书。现在已经完成了七个或八个，六万字左右了，可能还要十一二万字。

我迷恋“国王”。我迷恋国王不是它的权势，而是贮存在骨子里某种的“傲慢”和自然而然的失败感；我迷恋它的非凡，这种非凡即使在落入果壳里的时候也一定保持，“仍自以为无限空间之王”。在少年时代，我读李煜，一下子就被吸引了，一下子，我感觉自己是他，前生是他——因此上，我成为失败着的国王。后来，又有莎士比亚。

我不敢说自己无视，但，一个国王，大约不会曲媚他的臣民们而为他们的好恶写作，应当是吧？在写作中，我不太在意自己的支持率，但有人喜欢我会获得更多的自得，这是有的。对了，我前段时间，分别写了两个作家的评论，一个是卡尔维诺，一个是米沃什，其中，我都提到了一个共同的词——“那个个人”。“那个个人”是索伦·克尔凯郭尔的话，他曾言称如果他在战争中死去，希望在自己的墓碑上刻上这几个字。我觉得，现代知识分子的全部努力多是朝向“那个个人”的，他不肯盲从，不肯轻信，不肯放弃自己的独立，不肯把思辨交出，不肯在大多数中把自己隐藏起来，甚至不肯和另一个知识分子同盟。他们始终是坚定的怀疑论者，即使在上帝身侧也是……我觉得，我的这个“国王”，也应是那个个人。

杪椤：我认为诗是没有边界的，在你的诗中我读到的这种感受更加强烈，因而我得以认同你和莎士比亚、霍金们关于自我意志是“无限空间”的宇宙之王的定位。我想起前几天的事，围绕切斯瓦夫·米沃什，王力平先生和我在微信上有过几句讨论，你也参与其中，当中他反问我，“上帝”的存在与诗的存在究竟是不是一回事。我无法回答这个问题，但是可以表达一下对这个问题的看法，即诗和“上帝”的存在构成一种隐喻关系。王力平先生的洞见启发我，唯物主义者不会相信有上帝，但是却不妨碍对“上帝”的信仰，诗也是如此。在一个以辩证法而不是形而上学为基础的思维平台上，这似乎陷入了“皮之不存，毛将焉附”的逻辑，但我并不觉得荒谬。

李浩：问题是，多数时候在唯物者那里，我看不到对“上帝”的信仰，当然更看不到对诗的信仰。“上帝”的存在和诗的存在……是不是一回事？我不知道怎么回答才更合适，它们有交集，挨得很近，但似乎不是同一个。它们之间甚至相互争吵，有过搏斗，当然更多的时候是融合的，所以将二者分开……我们匮乏这样的能力，至少我，做不到。

诗，在某种意义上讲，是人类对于永恒之物的企及，是对“道”的接近和企及，是对可能的高处的反复企及。当然，在某些时候，它也会转向内部，幽暗处，微小处……在沙砾和叶片的纹路里寻找如来。我想，你让我的回答陷入荒谬里了。我找不见平台了。

杪椤：因为对当下哲学基础的不同理解，米沃什有时是禁忌，但我们在诗的范畴里还是能够谈论他。你的一首诗叫《如果，第二十朵菊花》，你说“在疏影中摇动。菊花的存在证实了寂寞：/这广袤的秋天不是花园，关不住流水/十二支手指和琴弦，它的弹奏/只是把风和隐藏的呼叫传得更远——/如果我这样想象/如果它的声音里包藏了蟋蟀们的骸骨”，在诗歌与时代的关系上，米沃什强调诗歌见证了时代而不是相反，你的这些诗句似乎在向米沃什致敬，菊花存证寂寞，也存证秋天；包括《无题，或者白纸之白》中关于“侧面放置的镜子”，它们都在为世界提供见证。但是，你特意强调“隐藏的呼叫”和“蟋蟀的骸骨”，诗歌宣读对时代的证词变得越发艰难了吗？

李浩：诗和诗人，在任何时代都有禁忌感，似乎是曼德尔施塔姆的话，它实在漂亮。在任何时代、任何的语境中，诗歌都有它的“遮掩之物”，它不肯趋向透明，现在更是。艾略特谈到诗歌的晦涩问题时曾说，这种晦涩感是与人们认识自身处境的复杂性相匹配的，要真切、有效而准确地表述这种“复杂”，诗人就不得不选用更有相称感的词……大意如此。如果我的记忆没错的话。

我承认我不愿意过于强调“见证”，当然这里有个禁忌的关系，“见证”在兀自冒险的同时又可能造成诗意的减弱和意味的下滑……但我不轻视见证，因为诗歌和所有文学，都是对自我和这个世界的个人言说，是“我和我面对的世界”，它必然地带有见证感。多数时候，出于艺术的考虑，我可能会选择“透过镜子”来完成我对生活、时代和世界的见证，我愿意让它们在镜子中染色，变形，并完成我的有意添加……事实上，米沃什的见证感也是透过了诗歌的镜子的，他注入了诗意也注入了想象、幻觉和魔法。

诗歌宣读对时代的证词变得越发艰难了吗？……怎么说呢？艰难一直存在，但“宣读对时代的证词”的努力却也是一直存在着的，每个诗人，都在努力靠近。就以中国新诗的发展为例，“朦胧诗”以降，尤其是20世纪90年代末，叙事性的普遍介入本质上是诗人们普遍希冀自己能够更多地、更真切地、更具体地提供“时代证词”。至于说是不是变得越发艰难了呢？我觉得，是的。“卑鄙是卑鄙者的通行证/高尚是高尚者的墓志铭”“黑夜给了我黑色的眼睛/我却用它来寻找光明”这在20世纪的80年代初确有振聋发聩感，它有证词的意义，而20世纪90年代，新世纪以来，止于此似乎就完全不够了，我们对世界、对自我、对政治、对黑白的认知都有了更多的丰富，尽管我们可以书写现实发生的细节和故事，但能够“证实”的却越来越是“侧面”，做出整合性的“证词”确实越来越艰难……所以，我提供的，是“隐藏的呼叫”和“蟋蟀的骸骨”，是隐藏的，是碎片的，它证实一隅，而这一隅在我看来多多少少能够窥见全豹的行踪……我愿意自己接近“真实和真相”，无限接近，但同时也清楚难以逾越的限度……

桫椤：你的回答让我偶然发现，“诗是没有边界”的论断也只能是相对成立，诗如果是时代的见证者，毫无疑问，诗的边界就是时代，假如诗越过了这个时代，那么它将见证什么？这就是一个问题。关于当下的诗歌，存在诸多的争议，但是在我看来，诗歌的各种被诟病都源自“诗—时代—诗人—诗歌”这个链条中的薄弱环节。

李浩：诗对时代的见证是无可避免的，对我而言，我更愿意强调的恰是超越，我看中诗歌的超越性。当然一切艺术存在的理由都不是见证意义而是超越性，这是在另一个时代另一个族群里的依然具有的共感力。“超越性是纯文学‘纯’的主要特征之一，这种超越性表现为：一、它所叙说的可能只是一时、一地、一人、一事，甚至是其中的片段，但在情感情绪上却能建立起超越个人之私的人类共通，这种共通不为时间困囿，也不为国家或民族困囿。‘前不见古人，后不见来者，念天地之悠悠，独怆然而涕下’，它不只是一个人一个时代的精神共鸣；‘生存还是死亡’，似乎对所有的人都构成问题。二、它和所叙述的事件和故事背景之间并不是全然的依赖关系，假定文学所涉及的社会问题得到某种解决或环境发生变化（譬如莎士比亚的《李尔王》《哈姆雷特》，那种封建王朝意义上的权位之争已经历史性终结，再譬如《牡丹亭》中，后花园里的才子佳人当下确已无迹可寻），而文学作品所传达的追问与怀思却并未随之终结。三、纯文学，它可以涉及社会现实、风土人情和时政，也涉及人物行为的正确与否，但却不是以'做出评判'为目的，它的某种艺术自主性让它说出关于人类存在的境遇之谜，被我们忽略或遗忘的那些，这是社会或政治思想都不能告诉我们的。同时，它会悬置起道德审判，把它推出了文学的疆域之外（这一点，是它和以针砭时事、指证社会问题的'严肃小说'的重要区别）。四、对现实、对日常生活的超越，它具有部分的梦与幻想的性质，它可以用文字建起一个与现实相对应的彼岸世界，尽管所用的材料也许全部取材于此岸和现实。只有完成对时间限度的超越、对时代背景的超越、对时政理念与道德判断的超越、对个人情感和所谓现实性的超越，纯文学才保证了它的纯粹。"（《"纯文学"一辩》）——它，多少也包含着我对此问题的理解。

它超越了时代，将见证什么？确是个有趣的、值得重视的问题，我试着回答一下。我觉得，优秀的诗歌，它还将见证：我们人的情绪情感最强烈、最敏锐、最丰富的那段，它在阅读的时候会生出震撼和共鸣；它见证一个诗人的卓越才华，对语词的敏锐与拓展，让我们叫绝——就像某些唐诗做到的那样；

我想，它还会见证我们内心的复杂性，事情确实并不简单。它还会见证，在某个时代，人们思想能够企及的高度，人们对自身命运的理解，这将为我们的继续追问提供支撑。

这些，还不足够?

杪椤: 朋霍费尔说“人类的生命远远超出了其肉体的存在，这是一个确凿的事实”，而崔卫平在谈到米沃什《被禁锢的头脑》时则说“一个人起码要坚持住自己，不能让自己成为一块仅仅是遭受损失的大陆”，后者或者正是对朋霍费尔关于生命超越肉体在宗教之外的诠释，即人区别于与他人相同的生理结构之外的是差异化的思想。你在那首《无题，或者白纸之白》中凸显出强烈的自我意识，你提到“放置在侧面”的镜子，黑字就像镜子那样面对白纸，任由你在其上绽出桃花或飞鸟，因为思想你再次成为“国王”，也因为思想你将自己想象为卡夫卡的甲虫。我相信，假如有思想，甲虫也是国王。

李浩: 假如任何人，假如甲虫们具备了真正的“独立思考”，他们当然会是自己的国王，尽管在现实生活中他们还是工人、农民、士兵、收银员或者甲虫。

但不得不承认，具有独立思考能力的人并不多，即使在所谓的知识分子中，凤毛麟角。绝大多数是那种简单生物，跟随者，没有个性的人，或者说乌合之众。他们愿意在“众人”中安身，愿意在时代思想中合群，愿意不思考地幸福生活，愿意通过一些浅层知识打扮自己，愿意随世俯仰。在谈论米沃什的《流亡者的语词》中，我坦言我对某些知识分子的不屑：“说实话我对知识分子这一群体也缺乏可能的信任，他们更多是‘天真’的人，不及物也不肯及物；他们更多是‘知识者’‘知道者’，且不说这些知识是否陈旧过时或者包含了太多的谬误与偏见；他们或知道、懂得，却已屈从于现实，此刻正用冷漠的恶意盯着后来的挣扎者，仔细观察‘受捶’的过程；他们或随波起伏，运用知识精致地利己，或适度地让自己保持在风口浪尖——赞同与反对的关键点在于个人好恶或者利益取舍；他们，或许能记住书上的某些结论，然而知识反而更助长了他们的愚蠢，总是一副真理在握的样子……更可怕的，是某些人，他们拥有被禁锢着的头脑，全部的精力和时间都被他用来对另外的人进行同样的禁锢和规范。”在他们中间，人的生命能和自己的肉体相称就已经很不错了，多数的人连这点也做不到，更不用谈什么“远远超出”了。当然，这不意味在世界上不存在“远远超出”的人，只是他们确实是少数，但这些少数者的精神引领作用却是巨大的。有时，他们溢出时代的思考可能经由另外的知识分子的阐释而在下一个时代或下下个时代变成显学，甚至有部分会经过通俗化后变成主流。远远超出，至少在时间这点上是，他们会把自己的时代甩在背后。

我的《无题，或白纸之白》……我的诗歌多数带有自我言说的性质，“我”是语词中的凸起部分，时常，我在写诗的时候会把“区域”缩小，让聚光灯打在“自我”的身上，呈现或发现。这首诗也是如此，我写下的，是我某个阶段的“写作状态”，我觉得，在我的书写中时常不够幻美，这种不幻美也是与我对世界的认知相连的，是与世界给我们的呈现相连的，是和那种古老的、涂在文字中的内涵相连的；而在写作中，我必须重新命名那些事物，所有的事物，保持惊讶感和陌生感，而不是延续惯常。在这个意义上讲，每次的写作都应是一次“创世纪”，只是它微小得多。哈，那些白纸就是我的疆土，镍币的两面。在这里，在写作中，我必须承认我同时也是一个小心翼翼的学徒，学习着古老的技艺和魔法，学习着审视以及自我对话的能力——但我，我的全部努力是给我书写下的一切，美与不美，好与不好，爱和不爱打个强烈的“个人印迹”……这首诗，本质是谈我对写作的认知的，不过一“翻译”成散文它的趣味立即遭到了减损，这样的活儿还是少做。在这首诗中，那种“化典”的个人趣味再次作用，譬如马尔克斯的《百年孤独》，譬如卡夫卡的《变形记》，我悄然将在他们文字中出现的意象拉进来借以丰富、拓展我的言外之意。只是，我用如此多的“只是”是因为我对自己能力的怀疑，写作的理想状态和我的能力达到之间确有距离，我时常感觉自己是个笨人，缺乏才能。我怕我努力一生，而他人给我的评价（这个评价者大约和上帝位置相仿）是：一个呆板的好人。我以为自己是一个拥有无限的国王，但在那个评价者那里，我自以为的所有拓展可能都是在果壳里的，封闭着的。卡夫卡《变形记》里的格里高尔·萨姆沙多少具备“呆板的好人”的性质，而他，在生活和生活的面对上，又与我有着某种的感觉上的相近。所以，我如此写下。

杪椤：这也牵涉为什么俄罗斯白银时代的诗作会成为当下

我们中间的“显学”。从根本上，我们开始在一贯以来的偏好中注意诗歌与时代的另外一种关系，即呈现过去曾经遮蔽的东西，或许这是真相，但我不敢太确定。这种呈现集中以个人与群体或社会的关系为特征。你在《沙，成为沙漠的过程》中说“对此，我的理解是：/ 一个人，走着，走成了两个人，三个人，一群人 / 整个早晨与傍晚的洪流；一个人，走失了鼻子，嘴巴，耳朵……一个渐渐走失的人 / 他和别人越来越像”，然后你再次提到“镜子”，你说“一个惧怕镜子的人，他拒绝发现自己的荒芜”，我认为你深刻地揭示了米沃什所说的“市场经济环境下生命的非人性”。

李浩：谢谢你的发现，而这个发现对我来说也是全新的，我在写作的时候并未意识到我的“深刻揭示”。当然这并不意味你是在误读，只是在我的文学字典里缺少“市场经济”这个词，我觉得荒芜感和“生命的非人性”是在每个时代都存在的，市场经济条件下可能它会加重，但绝非由它带来。

近些年，我远离着诗歌和诗坛，诗歌的写作于我越来越具备“私”的性质，我的注意力转向小说创作，所以你提到的俄罗斯白银时代诗歌成为显学我还真不清楚。如果能呈现被过去遮蔽的，那当然是好的，是诗歌和一切文学应努力的方向之一，是之一，不能是全部。尊敬的陈超老师在他的评论中曾专门谈到诗歌的“求真意志”，我赞同他的观点，也赞同他的用词：求真意志，而不是简单的“真实性”。严格意义上的真相是寻不见的，角度的不同都会对真相小有减损，更不用说主观性，更不用说诗歌是主观的表达。但求真意志却是核心，即使在我们的主观中，即使我们尊重这个主观的强大。

至于那首《沙，成为沙漠的过程》，我觉得你的阐释比我做得更好。我就不重复了。

杪椤：个体与历史的关系是微弱的囊萤之火，但正是这一点点火让浑然的历史有了温度和活力。诗人的使命，必将是让一粒沙区别于整个沙漠，即便无法获得区别的结果，但仍要有区别的姿态和实践。事实上W.H.奥登将历史与个人融为一体的方法与此并没有本质不同，上述使命的另一种表述方法，是个人必将在历史的天平上获得应有的分量，哪怕这分量足够小。你在诗中引用的尤瑟纳尔的句子“我逃往何处？你充满了世界，我也只能到你身上逃避你”，纵然其中隐含着无数的歧义，但我相信人与历史的结合甚至被动裹挟也一定是其中之一。

李浩：你的这段话我读了三遍，并准备将它记到我的本上。说得好。尤瑟纳尔的那个句子包含丰富，我想，即使我们用三十个页码也未必能够穷尽它的包含，它需要含在嘴里，咀嚼，品味其中的汁液，然后再一次……我能品到其中的妙处（可能是部分的，更多的微妙还有待于更多的仔细），但用另外的语言复述而不使它减损，我做不到。

杪椤：你的一首诗《那些盗贼，那些盗贼》让我有理由相信，对时代、历史特别是日常生活保持足够的警惕应当是诗人的天性。灵感固然重要，但好的诗总是有备而来，是在与生活敏感交流之中获得的关于经验的总结。你说“有秘密的人，她们从不打鼾／她们会在日常早已日常，一切可以预见的时刻，侧一侧身”。在这里，“书生”的安静与“国王”的疯掉之间莫名地相似，永恒与幻变之间获得内在的统一，事实上它们共同的力量就是敏感的警惕性。

李浩：在我的诗歌中，有相当数量的游戏之作，这首《那些盗贼，那些盗贼》便是其中之一，我极其重视诗歌的游戏性，极其认可博尔赫斯所说的，文学是种游戏尽管是种严肃的游戏。严肃性和游戏性应当同时强调。

敏感的警惕性，这对一切艺术都是重要的，任何一个有个性的艺术家，都会不断地延展自己的某些敏锐，让它变大，粗壮起来。这是一种有意识的训练，我承认，不过我对具体日常的敏感一直不够。很多时候，我敏锐于“不具体”，敏锐于抽象的事物，敏锐于从中抽出“意味”，就是不敏锐于日常发生。这，是我的一块短板，它的形成一是出于心性使然，二是诗歌和绘画在初期带给我的。在我写作的初始，没有给日常留出位置，它不在我的艺术表现中存在，这也造成我之后的忽略。

补短板是必须的，于我来说，让长板更长则是更大的必要，这，也算是另一种的敏感吧，我要在片面深刻上继续我的完成。

桫椤：你的诗歌在你的小说之外再次证明，你不是一个趋从于从封闭的圆环中循环往复的、单调中和即便开放却满是众声喧哗的现场中获得自我满足感的人。所以即便写日常，写生活的常态，你也要打破自然而然、水到渠成和陈陈相因，所以从总体上看，你的诗充满由不信任而来的不安感，但抵消这种不安或者获得信任的方法根本就不存在，你唯一使自己安静的方法就是思考，但我想知道的是，诗是你思考的结果还是工具呢？

李浩：既是结果也是工具，从来如此，它们之间不存在截然分开的解剖学，只是多少有些偏重，在配比上。诗歌，在我的写作中负载某时刻的情绪，形成涡流的情感，以及具体生活中的发现与个人幻想，而小说则承载我对自我、世界的认知、判断和疑问。诗歌私人性更强，小说公共性更多。在这种分配下，我的诗呈现了现在的样子。

我一心想写“智慧之书”，思，是我最为重视的要素之一，当然是在不伤害艺术质地的前提下。我曾重复过曹文轩先生的一句话，他说小说第一位的是艺术，第二位的是艺术，第三位的，还是。对诗歌来说更是如此，艺术性是首要考量的，在这个基础上我会不断地加入和呈现“思”的性质。思考，让诗歌获得了重量，而艺术感则让它拥有翅膀。

杪椤：你不是一个市场型的作家，你一直在坚持“写给无限少数”的观念，这事关你的文学价值认同。在诗歌中，我也看到你的诗作呈现两个方向，一个是在表象之下，穿透现实的迷雾，抵达真相；另一个是，在现象之上，你的诗学建构起你自己关于世界的“形而上学”。前者可以举出《寒食帖》《时间在树梢上投下阴影》，后者则可以举出《关于我的美人鱼》《月光曲》。你放弃了对经验的平视，这事关你的文学价值认同，谈谈你的想法。

李浩：写给无限的少数确是我的自动选择，在写作中，最让我警惕的是可能的曲媚，无论是对市场、权势、读者，还是“文学史”，我希望我的写作趋向于自己认可的那个高标而不是其他。在这种趋向下，我肯定要有所舍弃。我不是市场型的作家，以后依然不是。

我从来没有想过要和经验平视，我的理想状态是“生活在树上”，从某种有距离的高处俯视我们的人生，俯视我们的存在经验，进而完成我“一定如此？非如此不可？有没有更好可能？”的追问。经验于我才是“工具”，在诗和小说中，我都更为看重在经验之后延展出去的部分，那些延展才能称得上创造。

桫椤：文学这种东西不是科学，所以对她的描述不可能是精确的和正确的，或许正是来自“他者”千奇百怪的建构保持着文学的繁荣——从文学本身来说，在任何时代文学都繁花似锦，从没有沉寂的时候，因为人的思维从不沉寂。对于当下诗坛的状态，以及河北诗坛的现状，相信你有你的理解。你是青年诗人学会的会长，这也是你的工作。

李浩：文学不是科学，可在技艺上、感觉上它却有某种的“科学性”；而文学之所以成为文学，其最具魅力的部分恰在于，它能够拓宽我们对“准确”和“精确”的理解，那种妙和妙不可言是科学所不具备的，那种温度感也是科学所不具备的。我觉得某些阅读者最大的错误之处就是他用“科学”的冰冷和数学的方式对待文学的言说，而对贮存在文学操作中的“科学性”不敏不察，全然没有感觉，甚至不相信它。我们向文学要的，常常要的，是文学里可以抽出来的社会性道理，是庸众可以理解的所谓深刻，是那种滞后的、三百年前人们已经普遍使用的方法的再次使用，他发现了，因此扬扬自得……这就是说，为什么我和像王小波、帕慕克、略萨、博尔赫斯、艾略特等人会说，多数的读者是笨的。哈，我有些答非所问了。不过我不准备将它删除，忠辉兄，在对你的这些回答里，我承认我表现了我的某些尖刻处，傲慢处，这是我的，我不准备伪装，尤其是在我们俩的对话中。文学于我，是种宗教，虽然我时有渎神的行为。

任何时代文学都繁花似锦，没错。然而似乎不少的文学家、学者也反复提到过“文学已死”——关于文学的死亡其实是个很古老的话题，就是在文学最为繁荣的时期也不绝如缕，这种古老的忧患自有它合理之处。我不知道你是不是还记得昆德拉在他《遭受诋毁的塞万提斯的遗产》中所提及的“小说的死亡”：“小说的死亡不只是一个臆想的观点，它已经发生了。而现在，我们知道小说是如何地死亡的：并不是它消失不见了，而是它从小说的历史中脱落开去，它的死静静地发生，无人注意，没有谁为之义愤填膺。”“然而在俄国，难道不是有成百上千的小说大批量地出版并被广泛地阅读吗？当然是这样，但是这些小说没有为征服存在增添任何东西。它们没有发现存在新的片段，它们仅仅是证实了那些已经被说过了的东西。更有甚者，在证实每个人说的（每个人必须说的）那些东西时，它们达到了其目的，保持了其光荣，发挥了对那个社会的功用。由于什么也没有发现，它们没有能够加入发现的序列中来，而对于我来说，正是这个序列构成了小说的历史。”在他言说的小说的死亡之后，我想还可以与时俱进地补充文学死亡的其他样式：它被众多的来自网络的平庸所淹没；它被有意忽略，直到成为时间的灰烬；它的方式不被浮躁和愿意接受简单信息的大众接受，而同样浮躁愿意与大众站在一起的知识阶层也一并忽略了它，让它成为时间的灰烬……奈保尔所说的文学之死和马原所说的文学之死，可能更多的是放在，属于文学的独特提供越来越少也越来越无效；而我所忧患的文学之死，是我们在娱乐至死的时代俯身走路，看得见草莓却看不见挂在树上的苹果。

必须承认我不是一个好会长，之所以承担是我不愿意拂郁葱先生的好意，他对我甚好，给我的帮助巨大。他希望我做，我就做了，而且几次的辞职都被退回，而且屡遭训斥。他是希望我能够承担，带动，但我感觉力不从心。在诗歌写作上，我觉得好于我的河北诗人甚多，而我的主要精力也在小说写作上至少这段时间是如此。而我的社会活动能力也弱，我不知道怎么有尊严地和那些有“施舍”的他者打交道，我的过强自尊会损害到诗歌事业和活动的开展，而我又不想以小损自尊的代价来……事实上郁葱先生也不善于，我觉得。可他，对诗歌尤其是青年诗人的成长是付出巨大心力的，和他相比，我更显不称职。

对于当下诗坛，我不属于在场者，我对诗歌的阅读主要集中于死去的外国诗人身上，国内只有三两个诗人让我持续阅读，所以我不准备以一个外行的身份谈中国当下诗坛。至于河北，我也侧重于青年，因为我对同龄人和更年轻的作者的阅读多一些，我的普遍感觉是，我们的青年诗人更具才华，更有个人趣味的呈现，更有拓展性，相对的丰富性也有。而且，河北几个诗歌群落，像保定诗群、张家口诗群、建安诗群、凤凰诗群、67 度诗群的发展都是良好的，并且不断有新鲜血液的补充。如果说不足，我觉得我们青年诗人中还缺乏有显著特点、在全国诗坛有影响的领军人物；我们的知识面还太窄，满足于从诗到诗，思考问题的诗人太少，有思考能力的诗人太少；有大志向并愿意为此不懈努力的诗人太少。我想，在之后的笔会或者会议上，我会更多地提出警告，让大家绷紧这根弦。

桫椤：前边谈到诗歌与时代的关系，我多次看到关于互联网对诗歌产生影响的说法，也有学者在研究诗歌对网络的适应性问题。但是在我看来，真正的诗歌和诗歌理论，不该在这个范畴中，真正的诗歌与外在的东西没有直接关系，它只和诗人的思想有关系，读过你的诗，我更坚定了我的想法。但是我所接触到的一些诗人，特别是一些“基层”的诗人，却有与此相反的看法。对于“网络时代的诗歌”这样的问题，你怎样考虑？

李浩：你说得对。网络只是载体，但它或多或少会对书写产生影响，这个影响不必高估，至少现在不必。如果我们注意的是诗，而不是得奖和利益，不是其他非诗因素，不是得到平庸喝彩的沾沾自喜，那，“网络时代的诗歌”和之前的诗歌在向度上应不存在本质区别，好诗与劣诗的评判也不存在本质区别。

对于文学、艺术，我也不太习惯网络时代这个词，我更愿意关注它延绵着的永恒之谜，寻找它，捕捉它，拓展它。至少目标如此。

后　记

◎杪　椤

可能是因为记忆不好，我对时间非常不敏感。对某一件事情发生在什么时间的回忆，常常跟真实情况偏差得离谱。比如收入这部书中的对话，每次是什么时候进行的？我完全记不起来。尽管杂志发表有时间记载，但那已不是现场。

现在，将这些对话收集在一起，就像我的这些朋友们跨越山海，在同一时间围坐在桌前，来了一场关于文学的“会饮”。他们或她们都是和我同龄的人，大家星散而居，而且在进行对话之前大多数与我并不相熟。

但是，因为对相同年代的记忆，让我们抵挡住了“同质的、空洞的”自然时间的流逝，与所有同代人一道结成了一种想象的“身份共同体”。尽管这个身份带有诸多的特殊性而不是普遍性，它也未有任何神圣感或崇高感，但它能让我们感到亲切。

所以，最初我给这部书拟订的名字叫作“年代感与自信心”。与我对话的朋友在当时都已是文坛上优秀的青年作家，而我，彼时乃至现在仍然躲在文坛的角落里，是这个同代人的身份给了我自信，我优秀的朋友们也是在时代生活里获得了生命的自信。

谢谢在对话过程中宽容待我，并以真诚的话语、睿智的思想和洞见给予我无边启迪的朋友们!

说来惭愧，这些对话并非出自我的周详计划，而是因为刘醒龙老师和他主持的《芳草》杂志。那几年《芳草》文学杂志上的《江汉语录·70后作家对话录》特约了著名海派评论家朱小如老师主持，是被文坛看重的重头栏目。因为偶然的机缘，醒龙老师责成我加入对话的行列，因此才有了我与朋友们的相识和“窥探”他们创作秘密的机会。

对话稿中的绝大部分发表于该栏目，其余几篇也多是因此而做但后来由于栏目调整而发在其他刊物上的。在这个过程中，小如老师、栏目责编张睿老师都对成稿给予过精心的指导和评点，他们的意见使我深受教益，我也因此加深了与他们的情谊——这也便是请小如老师写序的根由。但这些稿子中有一篇是例外，与王十月兄的对话是应《当代人》杂志邀约而进行的。

将这些对话结集，是时任花山文艺出版社社长兼总编辑、评论家郝建国先生慷慨帮助所成。建国兄年龄大我很多，我来省城晚，算得上是人生地不熟，没有几个私交好的朋友，从到来的那一天起，他的热情和真诚就让我因温暖、安稳而感动。

在一次饭局上——时有著名批评家王力平老师在座——我谈起出书的想法，建国兄听了内容之后觉得对谈的作家们是出版关注的对象，于是欣然同意。但他半开玩笑半认真地提出一个“附带条件”，就是请力平老师写序。我的文学之路是力平老师一步步引领着走到现在的，请他写序再恰当不过。我知道建国兄是为解我的难题，这也正是我的想法，于是就有了力平老师撰写的第二篇序言。

当然，读者朋友们都明白，序言是两位尊长给我脸上搽的粉，对我的评价都是溢美之词，因此不可全信——甚至在正文的对话中，我的发问也多有不可信之处，可信的是诸位作家们隽永的答问。

这几年参与南京师范大学何平教授主持的文学理论项目，锻炼了一些系统性思维，也才在作家们有“来言”时我有“去语”。因此，这部书也算是国家社科基金重大项目“社会主义文学经验和改革开放时代的中国文学研究（19ZDA277）”的阶段性成果。

网络时代，电子阅读已成习惯，纸质书市场萎缩，这个时候出书只会给出版社添麻烦。但我又觉得应该给这些应邀与我对话的朋友们一个交代，使他们关于文学的智慧、机锋与努力能以某种方式集中呈现出来，也算为我们想象中的那个“身份共同体”增添一些内质，于是也不得不如此了。

借后记的机会，诚挚感谢刘醒龙老师、朱小如老师、何平教授和《芳草》的编辑张睿老师，以及王力平老师、郝建国老师，《当代人》主编宁雨老师、河北师范大学李浩教授等所有在对话、成书过程中给予过我帮助的师友们。

是为记。

2022年11月27日于石家庄